Wolfgang Siegel

Tut mein Therapeut mir gut?

Wolfgang Siegel

Tut mein Therapeut mir gut?

Ein Begleitbuch für die Psychotherapie

Kreuz

Inhalt

1 Einleitung

1.1 Die therapeutische Beziehung

Die Beziehung zwischen dem Patienten und seinem Psychotherapeuten bestimmt den Therapieverlauf und entscheidet maßgeblich über Erfolg oder Misserfolg einer Psychotherapie. Dieses Buch macht darauf aufmerksam, dass auch Sie als Patient großen Einfluss auf den Therapieverlauf haben. Es gibt Ihnen Hilfen zur Unterscheidung von auflösbaren Problemen in der Therapie und von schlecht verlaufenden Therapien, die Sie besser beenden sollten.

Die therapeutische Beziehung ist die entscheidende Grundlage für den Erfolg oder Misserfolg einer Psychotherapie. Dies gilt ausnahmslos für alle Psychotherapieverfahren, auch wenn in diesem Buch vor allem auf Einzeltherapien, nicht auf Gruppenpsychotherapien eingegangen wird. Eine gute Beziehung ist von Vertrauen auf beiden Seiten geprägt. In einer schlechten Beziehung fehlt es an Vertrauen. Wirkliches Vertrauen kann man aber nur entwickeln, wenn man auch fähig ist zu erkennen, wann es notwendig ist, misstrauisch zu werden.

Jede Beziehung zwischen zwei Menschen, egal, ob im privaten oder beruflichen Leben oder in der Psychotherapie, wird zu jedem Zeitpunkt von beiden Seiten gestaltet. Nur die Rollen, die jeder in einer Beziehung einnimmt, können sehr unterschiedlich sein. Der eine mag dominant, der andere unterwürfig, der eine eher aktiv, der andere mehr passiv erscheinen. Aber immer bringen beide Menschen ihre Stärken und ihre Schwächen in eine Beziehung ein. Dies eröffnet beiden die Chance zum Lernen vom Anderen und gemeinsam mit dem Anderen und die Möglichkeit, sich dadurch weiter zu entwickeln.

Es kann heutzutage nicht mehr bezweifelt werden, dass ein gutes psychotherapeutisches Vorgehen sehr wirksam seelische Nöte auflösen kann und darüber hinaus auch viele körperliche Beeinträchtigungen erfolgreich behandeln oder zumindest mitbehandeln kann. Aber eine Psychotherapie stellt kein Patentrezept dar, sie hat gewisse Risiken und Nebenwirkungen, und auch die Psychotherapeuten sind nicht perfekt. Dann würden sie vermutlich ihre Patienten auch gar nicht verstehen können. Wenn Patienten sich ihrer eigenen Einflussmöglichkeiten auf den Therapieerfolg bewusst sind und sich auch mit den Schwächen von Therapeuten etwas auskennen, können sie die Psychotherapie optimal für sich nutzen.

Meine persönlichen Erfahrungen haben mich motiviert, dieses Buch zu schreiben.

In langjähriger und vielfältiger psychotherapeutischer Erfahrung habe ich begriffen, wie außerordentlich wichtig es für uns Therapeuten ist, uns mit den eigenen Grenzen und Schwächen gerade auch in der Therapie auseinander zu setzen. Sie gibt es nicht nur bei unerfahrenen und in der Ausbildung befindlichen Therapeuten, wie viele Psychotherapeuten und Psychiater meinen. Denn wir werden auch durch eine gute Ausbildung und viel Berufserfahrung nicht zu Halbgöttern für die Seele.

Viele Hinweise, die dieses Buch Ihnen als Patient geben kann, beruhen auf Erkenntnissen, die ich erst im Nachdenken über Patienten, denen ich nicht helfen konnte, gewonnen habe und die sich dann in späteren Therapien als wichtige hilfreiche Elemente erwiesen haben. Es gab auch Situationen, in denen ich meinen Patienten nicht nur nicht geholfen habe, sondern in denen meine therapeutischen Vorschläge die Probleme sogar vergrößert haben. Natürlich war mir dies nicht bewusst, und es war schon gar nicht absichtlich. Psychotherapeuten oder Ärzte fügen ihren Patienten normalerweise keinen Schaden bewusst zu. Aber falsche Sicherheit, die meist aus verdrängter Unsicherheit und sich selbst nicht zugestandener Unwissenheit entspringt, kann auch Schaden anrichten.

Wenn es möglich war, habe ich auch nach der Beendigung oder nach der Unterbrechung der Behandlung Kontakt mit den Patienten aufgenommen, um Fehler, die mir später bewusst wurden, anzusprechen. Einige Patienten waren sehr erleichtert, dass sie eine Last, die von der Therapie verursacht war, wieder los wurden. Manche Patienten haben selbst erkannt, dass meine Sichtweise nicht stimmig war. Für andere wiederum war das Problem, das ich nachträglich zu erkennen meinte, ohne große Bedeutung.

Falls Sie als Leser zufällig auch als Patient von mir mit bestimmten Aspekten meiner Therapie nicht zufrieden sind oder waren, ohne dass wir dies bisher besprochen haben, können Sie mich natürlich weiterhin jederzeit noch darauf ansprechen. Denn Therapeutenfehler können noch nach Jahren eine große Belastung für Patienten darstellen – aufgrund der besonderen Bedeutung, die Therapeuten im Leben von Patienten haben können.

Meine Erfahrungen habe ich außerdem gesammelt in der kollegialen Supervision, in der vielfältigen Tätigkeit als Supervisor für Therapeuten in der Ausbildung und in der Teamsupervision sowie während meiner 26-jährigen Arbeit in einer stationären psychiatrischen Abteilung und nicht zuletzt aufgrund der vielen Berichte von meinen Patienten über vorangegangene nicht gut verlaufene Therapien.

Von den Menschen, die wirklich Hilfe suchen und einen Kontakt zu einem Psychotherapeuten aufnehmen, bekommen nicht alle gute und nachhaltige Hilfe. Viele steigen entweder während der Probesitzungen oder kurz danach aus der Therapie aus, weil sie sich mit ihrem Problem bei dem Therapeuten nicht gut aufgehoben fühlen oder weil das Problem anderweitig gelöst wurde. Und es gibt auch Patienten, die trotz einer längeren Therapie keine wirksame Hilfe bekommen haben. Und schließlich habe ich auch feststellen müssen, dass es einem nicht einschätzbaren Teil der Psychotherapiepatienten sogar schlechter geht als vorher. Hierzu gibt es meiner Kenntnis nach für die Einzeltherapien leider keine wissenschaftlich belegten Zahlen.

Die Erfolgsquote ist sicherlich nicht bei allen Therapeuten gleich, und ein Therapeut ist auch nicht für alle Probleme gleich gut. Dies müssen Sie wissen, damit Sie als Patient sich nicht vorschnell für Schwierigkeiten in der Therapie selbst die Schuld geben.

Nicht nur die Patienten, auch die Psychotherapeuten sind Menschen, die ihre Stärken und Schwächen in die Therapie einbringen.

Dabei können die Schwächen des Therapeuten durchaus eine wichtige und positive Rolle in der Therapie spielen, aber nur, wenn sie dem Therapeuten bewusst werden, der Patient diese Tatsache akzeptiert und beide verstehen, damit offen und ehrlich umzugehen.

Wir Psychotherapeuten sind nicht nur in unserem Privatleben auch »nur Menschen«, sondern wir alle kommen gerade auch in den Therapien an unsere persönlichen Grenzen, wir sind manchmal überfordert oder überschätzen uns selbst. Denn wir werden durch Sie, durch unsere Patienten, mit vielschichtigen, verzwickten, verfestigten und oft langwierigen tiefgreifenden seelischen Problemen konfrontiert und kommen dadurch möglicherweise auch mit eigenen Ängsten, Bedrückungen, Neigungen zu abhängigem Verhalten, zwischenmenschlichen Problemen und anderen Schwierigkeiten in Berührung. Und wie werden wir damit fertig? Genauso wie alle anderen Menschen, nämlich entweder wir werden uns unserer Schwierigkeiten bewusst und schaffen es, uns mit unseren Schwächen auseinander zu setzen. Oder aber, wenn wir bei bestimmten Problemen dazu nicht in der Lage sind, verdrängen, projizieren, manipulieren, spalten, dissoziieren wir unsere Probleme. In der Therapie kann dies dazu führen, dass wir sie den Patienten zuschieben. Wir haben also die gleichen unbewussten Bewältigungsmechanismen wie alle Menschen, wenn sie nicht in der Lage sind, ihre seelischen Probleme bewusst zu bewältigen.

Das ist kein besonders krankhaftes Verhalten, sondern Normalität, oder anders ausgedrückt, ein elementarer menschlicher Wesenszug. Nur: bei unserer Tätigkeit als Therapeuten, als Spezialisten für die Hilfestellung zur Bewältigung seelischer Belastungen anderer Menschen, sind diese Mechanismen von besonders großer Wichtigkeit. Denn wenn der Psychotherapeut eigenen unbewussten Problemen und Abwehrmechanismen in der Therapie ausgeliefert ist, sie also nicht bemerkt oder sie gar bei sich verleugnet, kann er dem Patienten nicht wirksam helfen und ihm vielleicht sogar schaden. Diese unerwünschten möglichen Nebenwirkungen sprechen jedoch nicht dagegen, die wirksame Hilfe von Psychotherapie in Anspruch zu nehmen, sondern nur gegen blindes Vertrauen gegenüber den Therapeuten, und fordern Sie zur Achtsamkeit auf.

Manche Ärzte empfehlen aufgrund einer grundsätzlich negativen Einstellung zur Psychotherapie stattdessen die Einnahme von Psychopharmaka mit dem Versprechen einer rascheren und einfacheren Hilfe. Auch eine medikamentöse Therapie bietet keine Patentrezepte und kann bei falscher Handhabung Ihre Probleme noch vergrößern. (Kap. 10).

Das teilweise negative Bild von den Psychotherapeuten in der Gesellschaft ist auch Ausdruck der Probleme der Therapeuten.

Das distanzierte und ablehnende Verhältnis vieler Menschen zur Psychotherapie beruht auch auf negativen Erfahrungen mit Psychotherapeuten und nicht einfach nur, wie »Psychospezialisten« oft glauben, auf dem Unverständnis und der Abwehr von seelischen Prozessen innerhalb der Gesellschaft. Therapeuten mit einer solch einseitigen Sichtweise neigen auch in der Therapie dazu, den Patienten für Schwierigkeiten und die Folgen mancher untauglichen Konzepte verantwortlich zu machen. Aus meiner Sicht sollten wir Psychotherapeuten der Gesellschaft, also den anderen Menschen, eine negative Einstellung zur Psychotherapie nicht vorwerfen. Denn die Vorstellungen über Psychotherapie werden entscheidend geprägt durch das Bild, das die Therapeuten vermitteln. Wenn Therapeuten sich an medizinische Vorstellungen anlehnen, die sich nur für krankhafte und gestörte Körperteile interessieren und die Psyche wie ein weiteres krankhaftes Organ des Menschen behandeln (Kap. 6), ist es nicht verwunderlich, wenn viele Menschen nichts mit Psychotherapie zu tun haben wollen. Wenn wir aber unseren Patienten mit einem ganzheitlichen Menschenbild begegnen, mit besonderer Wertschätzung ihrer positiven Kräfte gerade in der seelischen Krise, dann findet die Psychotherapie auch eine bessere gesellschaftliche Akzeptanz. Die Voraussetzungen dafür sind sehr gut. Denn es ist eine unbestreitbare Tatsache, dass eine erfolgreiche Psychotherapie erhebliche medizinische und andere gesellschaftliche Folgekosten erspart, weil der Patient in der Bearbeitung seiner psychischen und psychosomatischen

Beschwerden und Symptome gelernt hat, auf sich selbst sorgfältiger Acht zu geben und seine Probleme bzw. durch Stress verursachte körperliche Beschwerden zu bewältigen.

Schon in der Ausbildung der Psychotherapeuten wird direkt oder unterschwellig oftmals der Anspruch vermittelt, dass der gut ausgebildete Therapeut keine Fehler mehr macht und dass Therapieabbrüche vor allem durch mangelnde Motivation der Patienten entstehen. Wer als angehender Therapeut lernt, dass er keine Fehler machen darf, lernt in Wirklichkeit nur, seine Fehler und Schwächen nicht mehr wahrzunehmen. Ein Therapeut kann aber nicht in jedem Einzelfall als der kompetente Fachmann für die Lösung bestimmter seelischer Probleme gelten.

Der Blickwinkel von Therapeuten auf die Psyche eines Menschen baut auf den ihm verfügbaren Theorien und Erfahrungen auf und ist dadurch auch begrenzt, er ist durch eigene Interessen und Gefühlslagen gefärbt und kann manchmal sogar destruktiv sein, nämlich wenn sich eigene ungelöste und unbemerkte Probleme des Therapeuten mit denen des Patienten mischen.

Die Grenzen der Therapeuten, die dort bestehen, wo Überforderung und Selbstüberschätzung beginnen, sind nach meinem Eindruck noch weitgehend ein Tabuthema, das aber zunehmend brüchig wird und hoffentlich bald fällt zugunsten einer partnerschaftlicheren Beziehung zwischen Patient und Therapeut.
Dieses Buch will Ihnen helfen, den für Sie geeigneten Therapeuten zu finden, den Therapieverlauf positiv zu beeinflussen und nutzlose oder gar schädigende Therapien zu beenden. Und sollte Ihnen eine Psychotherapie nicht gut getan haben, erhalten Sie Hilfestellungen, um Ihr Selbstwertgefühl wieder zu stärken und Ihnen,

wenn Sie weiter eine Psychotherapie benötigen, Mut zu machen, einen für Sie geeigneten Therapeuten zu suchen.

1.2 Wie lesen Sie dieses Buch am besten?

Mit diesem Einführungskapitel sollten Sie sich unbedingt am Anfang vertraut machen.

Ansonsten können Sie in diesem Buch ganz nach Ihrem Geschmack lesen. Natürlich sind die Kapitel in einer sinnvollen Reihenfolge angeordnet. Sie können es also von vorn nach hinten durchlesen. Aber mancher, der Bücher gern von hinten nach vorn liest, kann dies hier auch ohne große Probleme tun. Genauso können Sie sich aber auch spezielle Kapitel heraussuchen, die Sie besonders interessieren. Oder Sie blättern einfach herum und lesen das, was Ihnen gerade besonders ins Auge fällt. Die einzelnen Texte sprechen für sich. Und es gibt bei verschiedenen Themen Querverweise auf andere Kapitel, in denen bestimmte Aspekte vertieft behandelt werden.

Ich habe mich – um der besseren Lesbarkeit willen – entschieden, bei den Begriffen »Therapeut« und »Patient« in der Regel die männliche Form zu benutzen, auch wenn es mehr Patientinnen und Therapeutinnen gibt.

Es ist sehr nützlich, wenn Ihnen Ihre innere Haltung und die Einstellung, mit der Sie an dieses Therapiebegleitbuch herangehen, bewusst ist.

Als Patient oder Patientin haben Sie im Moment einige schwerwiegende Probleme, die Sie immerhin dazu bringen, therapeutische Hilfe in Anspruch zu nehmen oder darüber nachzudenken. Dieses Buch will Ihnen eine Orientierung geben, wenn Sie Fragen und Unsicherheiten bezüglich einer Psychotherapie haben. Aber uns werden manche Unsicherheiten, die wir in uns tragen, oft erst dann richtig bewusst, wenn wir uns mit bestimmten Fragen intensiver auseinander setzen. Das ist auch sinnvoll und auch Ziel dieses Buches, dass Ihnen manche Probleme, die unterschwellig stören und die Therapie behindern, bewusster und deutlicher vor Augen treten. Dann können solche Probleme leichter gelöst werden.

Wie können Sie aber unterscheiden, ob Ihnen ein vorhandenes Problem erst richtig bewusst wird oder ob Sie sich ein neues Problem oder irgendwelche Ansprüche an sich selbst von einem Menschen oder z. B. auch von diesem Buch einreden lassen?

Wir können durch neue Informationen über Dinge, die außerhalb unseres eigenen Denkens liegen, Wissen anhäufen und auf diese Weise etwas lernen. Aber das kennen zu lernen, was in uns selbst vor sich geht, ist ein anderer Prozess, der nicht als »lernen«, sondern lieber als »verstehen« bezeichnet werden sollte. Wenn wir über uns selbst nachdenken, gewinnen wir kein neues Wissen, denn unser Ich, das nachdenkt, besteht ja schon aus der Summe aller Erfahrungen, die wir in unserem Leben gesammelt haben. Vieles davon ist uns aber nicht bewusst oder wir haben es nicht gut verarbeitet und es trägt somit zu unseren aktuellen Problemen erheblich bei.

Deshalb schlage ich Ihnen vor, dass Sie dieses Buch, das Ihnen in der Psychotherapie helfen soll, nicht mit der Einstellung lesen, neues Wissen über Psychotherapie ansammeln zu wollen. Glauben Sie also nicht einfach meinen Aussagen, im Gegenteil, stellen Sie es in Frage, wenn Ihnen Zweifel kommen. Vor allem aber prüfen Sie, welche meiner Ausführungen zur Lösung Ihrer Probleme und zum besseren Verständnis Ihrer Fragen beitragen können.

Ich empfehle Ihnen, dass Sie nicht über Dinge, die bisher keine Probleme für Sie sind, nachgrübeln, nur weil Sie hier etwas darüber gelesen haben. Dies gilt insbesondere für depressive Patienten, die aufgrund ihrer übermäßig selbstkritischen Einstellung sich leicht mit neuen Problemen überfordern. Es gilt für jeden Menschen, dass man sich mit persönlichen Problemen beschäftigen sollte, wenn sie auftreten und spürbar sind. Sich schon einmal »sicherheitshalber« mit allen denkbaren Problemen der Psychotherapie und des eigenen Lebens zu beschäftigen, ist unfruchtbar und belastet das Leben wie auch den Therapieprozess unnötig. In diesem Buch kann bei weitem nicht alles angesprochen werden, was in der Therapie geschieht. Und ein Buch kann eine notwendige Therapie auch nicht ersetzen. Meine hier dargelegten Erkenntnisse über erfolgreiche Psychotherapien sind begrenzt durch die Erfahrungen, die ich bis heute gesammelt habe. Therapeuten, die andere Auffassungen haben, machen auch gute Therapien. Es ist letztlich entscheidend, dass Sie herausfinden, was für Sie gut ist und dass Sie sich selbst besser verstehen.

Sie mögen meinen Ausführungen zustimmen oder sie ablehnen. Das Buch hat dann seinen Sinn erfüllt, wenn Sie eines Ihrer Probleme in der Therapie oder der Vorbereitung darauf mehr durchschauen, weil Sie es dann auch leichter lösen können, unabhängig davon, wie sehr Sie mir zustimmen oder mir widersprechen.

2 Ihre Aufgabe in der Psychotherapie

Der Erfolg einer Psychotherapie hängt unter anderem von der guten Zusammenarbeit zwischen Ihnen und Ihrem Therapeuten ab.

Die Arbeitsteilung zwischen Ihnen beiden ist klar geregelt.

Es ist Ihre Aufgabe, sich Ihrer Probleme so ehrlich wie möglich bewusst zu werden und sie so gut wie möglich in die Therapie einzubringen. Sie sollten keinen besonders guten oder interessanten Patienten vorspielen wollen. Wenn Ihr Drang, immer einen guten Eindruck zu vermitteln, Sie trotzdem dazu treibt, sollte dies unbedingt Thema der Therapie werden. Sie können den Therapeuten z.B. darauf hinweisen: »Ich möchte immer einen guten Eindruck hinterlassen, auch in der Therapie, wie kann ich das ändern?« Sie müssen sich also ernsthaft an der Lösungssuche beteiligen, so gut es Ihnen eben möglich ist.

In der Verantwortung des Therapeuten liegt es, das Therapiekonzept zu entwickeln, es mit Ihnen zu besprechen und Sie zu den notwendigen Veränderungen zu ermutigen. Dabei muss er Sie so nehmen, wie Sie sind, mit all Ihren Schwierigkeiten, die Sie benennen können, aber auch mit den Ihnen nicht bewussten Problemen.

2.1 Ihre Antriebskraft für eine Psychotherapie

Ihr Wunsch, das eigene Wohlbefinden wiederherzustellen, gibt Ihnen die entscheidenden Energien für eine positive Veränderung in der Therapie.

Wir Menschen (und auch die anderen Lebewesen) tragen das Potential in uns, das es uns ermöglicht zu leben, zu überleben und den Weg zu dem bestmöglichen Leben zu finden, das ein Individuum zu einem bestimmten Zeitpunkt erreichen kann. Schließlich hat die Evolution solch komplexe Wesen geschaffen wie den Menschen mit einer unglaublichen Anpassungsfähigkeit auch an die schwierigsten Lebensumstände.

Wenn ein Mensch in eine seelische Krise gerät und psychotherapeutische Hilfe in Anspruch nimmt, dann beweist er darin erst einmal seine Fähigkeit, sich Hilfe zu holen und sich damit Ressourcen zu erschließen, die ihm ohne diese Hilfe nicht zur Verfügung stehen würden. Wenn Sie Hilfe in Anspruch nehmen, bringen Sie damit ein gewichtiges Wissen in die Therapie mit, nämlich das Wissen um die eigenen Grenze bei einem bestimmten Problem.

Wir alle kennen viele Menschen, die ihre eigenen Probleme nicht gut lösen, aber auch nicht bereit oder in der Lage sind, sich Hilfe zu holen und etwas zu verändern. Für mich ist es ein Zeichen von Stärke und Mut, wenn jemand sich für eine Psychotherapie entscheidet, auch wenn es erst durch die Symptome und Beschwerden erzwungen wurde. Bei jedem Patienten kann man feststellen, wie er sich mehr oder weniger schwer erst durchringen musste, eine Therapie zu beginnen, um etwas Wichtiges in seinem Leben zu verändern.

Diese Notwendigkeit einer Veränderung mag Ihnen

voll bewusst sein und Sie können daraus auch ein klares Therapieziel ableiten. Vielleicht aber können Sie gar nicht richtig benennen, was Sie sich von der Therapie erwarten, weil Sie das, was in der Krise mit Ihnen passiert, nicht verstehen, es jedenfalls nicht in Begriffe fassen können und nur wollen, dass es Ihnen besser geht. Möglicherweise meinen Sie zu wissen, worin Ihr Problem besteht, doch im Verlauf der Therapie kommen ganz andere Aspekte zu Tage und zum Tragen, als Sie vorher gedacht haben. Aber egal, was Sie denken und über Ihre Psyche wissen, in jedem Fall spüren Sie, dass etwas nicht in Ordnung, vielleicht sogar unerträglich ist und dass Sie etwas ändern müssen.

Dieses Veränderungsbedürfnis ist eine positive Kraft in Ihnen, an der Sie sich im gesamten Therapieverlauf orientieren können. Manchmal kann es auch bei einem guten Therapieverlauf zu vorübergehenden Verschlechterungen der psychischen Verfassung kommen. Aber eine Therapie, in der es Ihnen über einen längeren Zeitraum nicht gut geht, kommt vielleicht gar nicht voran. Und eine Therapie, in der es Ihnen immer schlechter geht, sollten Sie nicht einfach hinnehmen.

Eine Therapie erfüllt letztlich nur dann ihren Zweck, wenn Sie die von Ihnen angestrebte positive Veränderung in Ihrem Erleben und möglichst auch in Ihrem Leben in einem für Sie vertretbaren Zeitraum spüren.

2.2 Ihre Mitarbeit in der Therapie

Ihre aktive, um Ehrlichkeit bemühte und zuverlässige Mitarbeit, soweit es Ihnen bewusst möglich ist, ist für den Therapieerfolg erforderlich.

Bedenken Sie, ein großer Teil unserer menschlichen Probleme entsteht dadurch, dass wir nicht durchschauen, warum wir uns manchmal in einer bestimmten ungesunden oder auch psychisch belastenden Weise verhalten. Die Psychoanalytiker nennen dies das unbewusste Verhalten, die Verhaltenstherapeuten sprechen von dysfunktionalen Konditionierungen. Jedenfalls reagieren wir aufgrund früherer Erfahrungen wie ein Automat nach einem Schema, das heute nicht mehr passt und welches uns psychische Probleme macht, und zwar öfter, als wir es wahrhaben wollen. Und wenn dieses Schema zu tief sitzt und zu undurchschaubar ist, können wir uns daraus nicht allein lösen.

Aber wenn wir mit einem anderen Menschen darüber sprechen, z.B. mit einem Freund, Ehepartner oder Arbeitskollegen, treten wir mit ihm in eine Beziehung. Und durch den Austausch der Gedanken, Erfahrungen und Beobachtungen kann er uns helfen, dass uns bestimmte Mechanismen klarer werden. Die beste Voraussetzung dafür ist natürlich ein von beiden Seiten ehrlich geführtes Gespräch. Das wird aber nur möglich sein mit einem Menschen, der uns wohlgesonnen ist. Wenn wir kein Vertrauen zu dem Anderen haben, sprechen wir kaum über unsere Schwächen.

- **Helfen Sie in der Therapie aktiv mit und gefährden sie Ihren Therapieerfolg nicht, indem Sie bewusst und dauerhaft bestimmte Themen blockieren.**

Wenn die Probleme, die Sie mit sich haben, ein besonders großes Ausmaß erreicht haben und es keine Menschen in Ihrem persönlichen Umfeld gibt, mit denen Sie sich über diese besonders schwierigen Dinge austauschen und sie lösen können, stellt sich die Frage einer professionellen Hilfe. Auch sehr gute Freunde können überfordert sein, weil sie von Ihrer Not vielleicht selbst irgendwie zu sehr betroffen sind oder sich darin nicht auskennen. In der Therapie entsteht eine spezielle Beziehung, nicht eine freundschaftliche oder kollegiale, sondern eine therapeutische Beziehung.

Der Therapeut wird Ihnen nur dann gut weiterhelfen können, wenn Sie offen über Ihre Probleme sprechen. Auch wenn er über eine gute Intuition verfügt, psychologisches Wissen hat und außerdem aus Ihrem Verhalten etwas erkennen kann, so kann er doch keine Gedanken lesen. Er erfährt nur durch Sie, durch Ihre Äußerungen und Ihr Verhalten, was wirklich mit Ihnen los ist. Gegen dauerhafte absichtliche Blockaden ist ein Therapeut ziemlich machtlos, falls er sie nicht bemerkt und Sie zur Aufgabe dieser Blockaden bewegen kann. Sie können also nicht erwarten, dass der Therapeut allein Ihre Probleme löst, und nur abwarten, ob er das schafft. Psychotherapie ist keine Behandlung, in der der Patient passiv bleiben kann wie bei der Einnahme von Medikamenten, bei einer Operation oder einer Massage, sondern sie erfordert Ihr aktives Bemühen.

- **Ehrlich können wir nur in den Dingen sein, die uns bewusst sind.**

Dass wir uns selbst etwas vormachen, können wir gar nicht verhindern, weil es Teil unseres konditionierten Unbewussten ist. Aber dieses Unbewusste ist nicht wasserdicht, es macht sich durch manche Bemerkungen, Gefühle oder Verhaltensweisen indirekt bemerkbar. Ihr

Therapeut kann über diese Signale Hinweise auf Probleme oder Konflikte entdecken, die Ihnen noch gar nicht bewusst sind. Wenn Sie das einmal richtig erkannt haben, wird Ihnen vielleicht klar, wie wichtig es ist, dass Sie darauf achten, was Ihnen durch den Kopf geht und es auch in die Therapie einbringen. Ihre Psychotherapie wird nur dann erfolgreich sein, wenn alle Dinge zur Sprache kommen, die mit dem Problem, um das es geht, im Zusammenhang stehen. Schon in dem Moment, wo Sie sich fragen, hat dieses oder jenes, z.B. meine Ehe, etwas mit meinem Problem, z.B. mit dem Ess-Brech-Bedürfnis aufgrund meiner Bulimie, zu tun, ist der Zusammenhang hergestellt. Also gehört das Thema in die Therapie.

- **Es braucht manchmal Zeit, um in der Therapie offen und ehrlich zu werden.**

Wenn Ihr Problem darin besteht, dass sie an ehrliche Beziehungen nicht glauben, müssen Sie dies erst im Verlauf der Therapie mit dem Aufbau einer guten therapeutischen Beziehung lernen. Es ist nicht ungewöhnlich, dass Sie auch nicht über all das, was Ihnen schon bewusst ist, sofort sprechen können. Schließlich muss ja Ihr Vertrauen zum Therapeuten auch erst entstehen. Das kann manchmal sehr viel Zeit in Anspruch nehmen, vor allem wenn Sie gerade wegen des schweren Problems, mit dem Sie ohne fachliche Hilfe nicht mehr zurechtkommen, noch ziemlich verschlossen sind.

Dies ist offenkundig bei schwer traumatisierten Menschen, die z.B. sexuell missbraucht wurden oder Folteropfer sind, der Fall. Aber auch bei anderen Lebenserfahrungen kann es für Sie Themen geben, über die Sie nur sehr ungern sprechen, obwohl sie Ihnen bewusst sind. Vielleicht behaupten Sie auf die Frage, wie Ihre Partnerschaft ist, dass es Ihnen damit gut geht, während Sie in Wirklichkeit schon seit langem mit der gemeinsamen

Sexualität unzufrieden sind. Das trauen Sie sich aber nicht auszusprechen, besonders wenn Sie einen gegengeschlechtlichen Therapeuten haben.

Wenn Sie Dinge verschweigen oder die Unwahrheit sagen, geht es meist um Themen, bei denen Sie sich leicht verletzt oder beschämt fühlen. Oder Sie haben Angst, dass eine unerträgliche Wut, die Sie vielleicht sogar als bedrohlich empfinden, aufkommt, wenn Sie sich zu bestimmten Themen äußern. Oder Sie haben in irgendeiner unbewussten Konditionierung gelernt, dass Lügen in Beziehungen dazugehört, ohne die Ursache zu durchschauen. Es kann auch sein, dass Sie durch eine Depression in Ihrer aktiven Mitarbeit gehemmt sind und erst einmal therapeutische Anstöße benötigen, um überhaupt aktiver sein zu können. Über manche Dinge werden Sie vielleicht nur in Andeutungen sprechen, um auf diese Weise herauszufinden, wie Ihr Therapeut darüber denkt, ob Sie ihm bei diesem Thema vertrauen können und ob Sie es selbst aushalten, darüber zu reden. All das ist erst einmal verständlich und oft auch sinnvoll, um sich vor erneuten Verletzungen zu schützen.

Am Beginn einer Therapie ist eine große Zurückhaltung manchmal eben unvermeidlich. Werfen Sie es sich nicht vor, wenn Sie nicht von vornherein bedingungslose Offenheit in die Therapie einbringen können. Sie können sich immer nur so weit öffnen, wie Ihnen gerade möglich ist. **Aber:** Sie müssen wissen, dass Sie auf diese Weise auf Dauer keine wirkliche Hilfe bekommen können und dass auch Sie nach Wegen suchen müssen, um irgendwann über alle für Sie wichtigen Aspekte zu sprechen und Unstimmigkeiten zu korrigieren. Denn wenn Sie einem Therapeuten eine Unwahrheit gesagt haben oder wichtige Dinge verschwiegen haben, führen Sie ihn in eine falsche Richtung. Das gilt nicht nur für das Thema, über das Sie die Unwahrheit gesagt haben, sondern es kann die gesamte Therapie blockieren. Denn die verschiedenen Lebensbereiche hängen letztlich alle zusammen und eine so belastete Therapie ist insgesamt beeinträchtigt und vermutlich sogar blockiert.

- **Wenn es Dinge gibt, über die Sie noch nicht sprechen können, ist es am besten, wenn Sie dies dem Therapeuten mitteilen.**

Wenn Sie auf wichtige belastende Lebenserfahrungen, z.B. eine Vergewaltigung, noch nicht eingehen können, wird es sehr vom Therapeuten abhängen, ob er trotzdem Zugang zu Ihnen findet und das notwendige Vertrauen entsteht. Sie können ihm aber auch sehr bei dieser schwierigen Arbeit helfen, indem Sie ihm mitteilen, dass es Probleme gibt, über die Sie noch nicht sprechen können, z.B.: »Es gibt noch etwas, über das ich heute noch nicht reden möchte, vielleicht aber später.« Dann kann Ihr Therapeut Ihnen behilflich sein, behutsam an das schwierige Thema heranzukommen.

- **Sie allein entscheiden letztlich, über welches Thema Sie zu welchem Zeitpunkt sprechen wollen. Ehrlichkeit und äußerer Zwang vertragen sich nicht.**

Solange nicht dritte Personen durch Ihr Schweigen geschädigt werden, wird Ihr Therapeut Sie nicht unter Druck setzen, über alles zu sprechen. Er wird Ihnen wahrscheinlich erläutern, wie er Ihnen helfen kann, dass Sie über alle wichtigen Dinge sprechen können. Er wird auch auf seine Schweigepflicht Dritten gegenüber hinweisen. Aber es muss jederzeit Ihre freie Entscheidung sein, über was Sie sprechen möchten und über welche Themen nicht.

Wenn Sie nicht von der ersten Therapiestunde an offen und ehrlich sein können, werden Sie bei einem guten Therapieprozess aber Schritt für Schritt alle wichtigen

Gesichtspunkte, die zu Ihrem Problem dazugehören, zur Sprache bringen. Wenn Sie Ihr Therapieziel erreicht haben und die Therapie gut abgeschlossen werden kann, sind alle Aspekte, die mit Ihrem Problem zusammenhängen, erfolgreich abgearbeitet worden. Das gelingt leider nicht in jeder Therapie. Es kann auch schon ein großer Gewinn sein, wenn einige Teile Ihres Problems gelöst sind und Sie sich wohler fühlen. Vielleicht klären sich die offenen Fragen ja in anderen Zusammenhängen.

- **Auch Ihr Therapeut muss offen und ehrlich sein.**

Wenn Ihr Gefühl Sie vor zu großer Offenheit warnt, sollten Sie es nicht ignorieren, sondern versuchen, die Gründe dafür herauszubekommen. Denn fehlende Offenheit muss nicht unbedingt Ihr Problem sein, sondern es kann auch am Therapeuten liegen, wenn die dafür erforderliche Vertrauensgrundlage nicht entsteht.

Ich gehe in diesem Buch darauf ein, dass Psychotherapeuten auch nur Menschen sind, mit persönlichen und fachlichen Schwächen behaftet, jedenfalls keine perfekten Vertrauensmaschinen und Hellseher, so sehr Sie sich diese in Ihrer Not auch wünschen mögen. Wenn Sie davor die Augen nicht verschließen und dies akzeptieren, wird sich die Therapie sehr fruchtbar entwickeln und Sie brauchen auch keine Angst vor Konflikten mit Ihrem Therapeuten zu haben. Das Entscheidende ist, dass sich das Vertrauen entwickelt und es bei Schwierigkeiten zu einem klärenden Gespräch in der Therapie kommt.

Je eher Sie Ihre Probleme klar zur Sprache bringen können, desto günstiger ist es für den Therapieverlauf.

2.3 Ihr positives Grundgefühl in der Therapie

Ihr positives Grundgefühl in der Therapie ist eine notwendige Voraussetzung für eine erfolgreiche Therapie.

Jeder Mensch kann nur für sich selbst klären und herausfinden, welchen Weg er in seinem Leben und auch in seiner Therapie gehen will. Dies bedeutet, dass kein Therapeut letztlich besser weiß als Sie selbst, was gut für Sie ist. Alle Analysen und Veränderungen, die Ihr Therapeut für erforderlich hält, sind immer erst einmal nur Vorschläge, die noch durch das Feuer Ihrer Überprüfung gehen müssen.

Es kommt gelegentlich vor, dass ich als Therapeut im gemeinsamen Gespräch mit meinem Patienten feststelle, dass meine Vorschläge unzureichend und ungenau oder gar unsinnig oder destruktiv sind. In diesem Abstimmungsprozess zwischen Therapeut und Patient werden die therapeutischen Maßnahmen, fachlich »Interventionen« genannt, letztlich erst dann wirklich hilfreich und damit lebenstauglich, wenn Sie, der Patient, sie auch annehmen können und sie Ihnen weiter helfen.

Zu berücksichtigen ist hierbei, dass Ihnen viele Interventionen des Therapeuten gar nicht bewusst werden. Das ist auch nicht unbedingt erforderlich, weil Therapieprozesse auch auf einer unbewussten oder intuitiven Ebene stattfinden, übrigens nicht nur beim Patienten, sondern auch beim Therapeuten. Entscheidend ist jedoch, dass Sie ein stimmiges Gefühl in der Arbeit mit Ihrem Therapeuten haben, bzw. dass sich diese Stimmigkeit entwickelt.

Damit nähern wir uns dem tieferen Verständnis dessen, was in der Therapie tatsächlich hilft. Es sind nicht einfach diese oder jene guten Analysen oder Verhaltensmodifikationen, die der Therapeut einbringt und die auch notwendig sind. Sondern all das wirkt nur auf der Grundlage einer hilfreichen menschlichen Beziehung, in der Sie als Patient neue Möglichkeiten haben, ihre eigenen Fähigkeiten und seelischen Kräfte so zu entwickeln, dass sie sich aus den Verstrickungen, in die Ihre seelischen Probleme Sie gebracht haben, wieder lösen können. Denn einerseits haben wir Menschen ein ungeheueres Potential persönlicher Entwicklungsmöglichkeiten in uns, andererseits benötigen wir aber die Beziehung und den Austausch mit anderen Menschen, um dieses Potential zur Entfaltung zu bringen. Dies gilt umso mehr in einer Krisensituation. Das macht den Kern einer Therapie aus und ist die Voraussetzung dafür, dass die therapeutischen Maßnahmen wirksam werden können.

- **Die gute therapeutische Beziehung können Sie an Ihrem stimmigen Gefühl dem Therapeuten gegenüber erkennen.**

In einer guten Therapie werden Sie von Ihrem Therapeuten als ganzer Mensch gesehen und dies merken Sie, Sie fühlen sich verstanden. Am Anfang einer Therapie oder in einer Krise kann es sein, dass Sie sich noch nicht oder nicht mehr verstanden fühlen. Entscheidend ist aber, dass Sie das Bemühen Ihres Therapeuten spüren, Sie zu verstehen. Und Sie können natürlich, wenn Ihr Therapeut sich um das Verstehen bemüht, selbst sehr viel dazu beitragen, damit ihm dies gelingt. Wenn Sie über Ihre Gedanken und Gefühle sprechen, gerade wenn es für Sie oder für den Therapeuten etwas unangenehm sein könnte, verbessert sich Ihre Chance, verstanden zu werden. Eine gute therapeutische Beziehung hält es auch aus, wenn Sie bei einem bestimmten Problem noch nicht offen sein können, und auch, wenn Ihr Therapeut Sie einmal nicht versteht oder er sich ungeschickt verhält. Durch falsche Interpretationen oder durch andere Umstände kann vorübergehend Ihr stimmiges Gefühl verloren gehen. Denn Ihr Therapeut findet nicht immer sofort den richtigen Ansatzpunkt, mit dem Sie sich aus einer seelischen Not lösen können.

Wir Therapeuten haben auch gute und schlechte Tage, gute Ideen und Ideen, die sich als schlecht herausstellen, eben wie jeder Mensch in anderen Berufen auch. Dies kann manchmal zu einer Vertrauenskrise führen. Eine Krise beinhaltet immer eine Chance und ein Risiko, die Chance eines Therapiefortschritts, weil etwas Neues verstanden wird, aber auch das Risiko, keine gute gemeinsame Lösung zu finden.

Das für Sie stimmige Gefühl entsteht in der Therapie genau dann, wenn Sie sich von Ihrem Therapeuten verstanden fühlen, d. h. wenn Sie den Eindruck haben, dass Ihr Therapeut wirklich erfasst hat bzw. sich ernsthaft darum bemüht zu verstehen, worin Ihre Not und worin Ihre Stärke liegt.

3 Selbstständigkeit und Geborgenheit

Sie kommen voll Unsicherheit in die Therapie und suchen beim Therapeuten Hilfe. Sie möchten die Therapie dann beenden, wenn Ihre Probleme gelöst sind und Ihr Selbstbewusstsein gestärkt ist. Die für Sie richtige Mischung von Sicherheit, Geborgenheit und der damit zusammenhängenden Abhängigkeit vom Therapeuten einerseits und von Selbstvertrauen und Selbstständigkeit, also von Autonomie, in einer Psychotherapie andererseits erkennen Sie besser, wenn Sie etwas über den Zusammenhang von Selbstvertrauen und Geborgenheit in unserem Innenleben und unseren Beziehungen zur Außenwelt wissen.

Unser Wohlbefinden, und dies gilt für jedes Lebewesen, entsteht durch die Erfüllung zweier elementarer Bedürfnisse. Jedes Lebewesen benötigt zum einen ein Innenleben, das gesund und nicht krank ist, damit es in sich gut funktioniert und optimal seine Fähigkeiten entwickeln kann. Dies kann man als einen guten »inneren Stoffwechsel« bezeichnen.

Zum anderen brauchen alle Lebewesen auch einen positiven »äußeren Stoffwechsel«, durch den der lebendige und gute Austausch mit unserer Umgebung gesichert wird.

Die biologische Seite des inneren Stoffwechsels ist das Zusammenspiel der Organe unseres Körpers. Die biologische Seite des äußeren Stoffwechsels wird vor allem durch die Aufnahme der Nahrung und der Luft, von Licht und Wärme sowie durch das Ausatmen und die

Rückführung der verdauten Nahrung und schließlich unseres toten Körpers in die Natur gewährleistet. Wir wissen um die große Bedeutung unserer gut funktionierenden Organe und der Zuführung von gesunder Nahrung, frischer Luft und Sonnenlicht für unseren Körper.

Der innere und der äußere Stoffwechsel sind sehr aufeinander angewiesen, was wir z. B. bei der Aufnahme von giftiger Nahrung merken. Der gesunde Körper wehrt sich gegen Gifte, denn diese können ihn auf Dauer krank machen.

Unser innerer und äußerer Stoffwechsel umfasst auch eine seelische oder psychische Seite, die an unseren Bedürfnissen nach Selbstvertrauen und Geborgenheit erkennbar werden. Mit guten Kenntnissen über den psychologischen Stoffwechsel können wir ebenfalls unser Wohlbefinden verbessern, und uns z.B. gegen äußere »seelische Gifte« wie schlechte Arbeitsbedingungen oder destruktive Beziehungen zu anderen Menschen schützen, aber auch unser negatives Denken verändern.

Das Geborgenheits- oder Sicherheitsbedürfnis ist das elementare Bedürfnis jedes Menschen, in einer ihm wohlgesonnenen, nicht feindseligen Umgebung zu leben und sich in guten sozialen Beziehungen auszutauschen. Das Streben nach Selbstständigkeit und Selbstvertrauen ist das elementare Bedürfnis jedes Menschen, die eigenen Wünsche zu realisieren und die eigenen Fähigkeiten sinnvoll zu nutzen.

3.1 Das Gleichgewicht zwischen Geborgenheitsbedürfnissen und Selbstständigkeit

Wir wollen bewusst oder unbewusst immer beide Bedürfnisse stillen. Unsere Bedürfnisse nach Selbstvertrauen und nach Geborgenheit sind jedoch sehr dynamisch und verändern sich laufend, so dass wir uns immer wieder neu darauf einstellen müssen.

Wir bemühen uns ununterbrochen um die Erfüllung beider Bedürfnisse, damit wir uns wohlfühlen. Meistens ist uns jedoch nur eines von beiden bewusst. Wir beschäftigen uns damit, wie wir entweder Sicherheit bei anderen Menschen finden oder »unseren eigenen Kopf durchsetzen« können. Aber unbewusst achten wir auch immer auf das andere Grundbedürfnis und streben das für uns bestmögliche Gleichgewicht zwischen beiden Bedürfnissen an. Denn wir wollen durch »unseren eigenen Kopf« nur ungern gute Beziehungen aufs Spiel setzen, aber wir möchten auch eigene Bedürfnisse möglichst nicht aufgeben, nur um uns mit anderen Menschen zu verstehen.

Für das optimale Gleichgewicht gibt es keine objektiven Maßstäbe, sondern nur einen subjektiven Gradmesser, nämlich unser Wohlbefinden. Mancher fühlt sich in einer engen Beziehung wohl, ein anderer braucht das Gefühl von viel Freiheit, auch in einer Partnerschaft.

Wie das Gleichgewicht zwischen beiden Bedürfnissen, mit dem wir uns wohlfühlen, aussieht, hängt eng mit der Lerngeschichte in unserem Leben zusammen, welche Erfahrungen wir vor allem mit unseren Eltern gemacht haben, z.B. ob sie mehr unser Selbstvertrauen und unsere Selbstständigkeit gefördert oder mehr unser Bemühen um Geborgenheit belohnt haben.

Auch in unseren verschiedenen Lebensphasen verändern sich beide Bedürfnisse. Ein Kind benötigt sehr viel Geborgenheit, um sich wohl zu fühlen, aber auch die Möglichkeit, eigene Wege auszuprobieren. Der Jugendliche braucht sehr viel Freiheit, um selbstständig die Welt kennen zu lernen, aber durchaus noch einen emotionalen Rückhalt, um sich auch zu trauen, ganz nach dem Motto »Mama, ich will weglaufen, ruf mir ein Taxi.« Die Entwicklung von Selbstvertrauen hat bei jungen Erwachsenen meist einen ganz vorrangigen Stellenwert. Die Gründung einer Familie verlangt möglichst große Sicherheit und Geborgenheit. Wenn unsere Kinder schließlich erwachsen werden, wir uns mit dem Altern und schließlich auch mit unserem Lebensende auseinander setzen, müssen wir lernen, immer mehr loszulassen bis hin zum Tod, wenn alle Sicherheit aufhört und das Unbekannte geschieht.

Das gute Gleichgewicht von Selbstständigkeit und Geborgenheit ändert sich also mit jeder neuen Lebensphase, so dass wir es nicht auf Dauer festhalten können. Denn das Leben draußen stellt immer neue Anforderungen und wir selbst entwickeln uns auch immer weiter. Wenn wir uns nicht wohl fühlen, hat dies sehr oft damit zu tun, dass wir unsere Autonomie- und Geborgenheitsbedürfnisse wieder besser aufeinander abstimmen müssen. Denn beide Grundbedürfnisse sind eng miteinander verknüpft und können sich auch gegenseitig positiv beeinflussen.

Wenn wir gute Beziehungen zu anderen Menschen haben, aber auch, wenn wir uns zu wehren wissen gegen diejenigen, die uns ausnutzen wollen, verspüren wir Sicherheit und Geborgenheit. Dies stärkt gleichzeitig unser Selbstvertrauen, denn wir spüren unsere eigenen Möglichkeiten und unsere Kraft in den sozialen Prozessen und erfreuen uns an unserer Selbstständigkeit.

Wenn wir die eigenen Wünsche und Vorstellungen leben können und uns nicht den Erwartungen anderer unterwerfen müssen, können wir auch gute soziale Beziehungen herstellen, in denen wir uns geborgen fühlen.

Wir müssen lernen und begreifen, dass nur harmonisches positives Geben und Nehmen sowohl Autonomie als auch Geborgenheit herstellen, gute soziale Beziehungen ermöglichen und damit die entscheidende Grundlage für unser Wohlbefinden sind.

3.2 Ungesunde einseitige Autonomie oder Geborgenheit

Probleme und ein Unwohlsein entstehen sehr oft durch eine ungünstige einseitige Betonung entweder der Geborgenheitsbedürfnisse oder der Selbstständigkeit.

Eine einseitige Berücksichtigung der Geborgenheitsbedürfnisse führt zu einem hohen Maß an Abhängigkeit von anderen Menschen und zur Unterwerfung unter die Bedürfnisse und Ziele anderer. Dies geht Hand in Hand mit einer geringen Selbstständigkeit, wir können dann unsere Gefühle, Bedürfnisse und Ziele nicht hinreichend einbringen und uns gegen Übergriffe anderer nicht wehren und uns davor schlecht schützen.

Eine einseitige Förderung der Autonomiebedürfnisse bedeutet, dass wir nur die eigenen Bedürfnisse und Interessen auf eine oberflächliche Weise sehen und vertreten. Wir werden vermutlich dann recht einsam sein, wenig oder keine Freunde haben und uns vielleicht sogar Menschen zu Feinden machen, oftmals ohne es direkt zu merken, weil das Problem möglicherweise durch Alkohol, Arbeitswut, exzessiven Sport o.ä. aus dem Bewusstsein verdrängt wird.

Um ein möglichst gutes Wohlbefinden zu erreichen, ist also die Entwicklung von Freundlichkeit, Sympathie, Hilfsbereitschaft gegenüber der sozialen Umwelt in dem Maße nützlich, wie es gleichzeitig gelingt, eigene Bedürfnisse verständlich und geltend zu machen und sich zu schützen gegenüber den Übergriffen von anderer Seite auf die eigene Person. Es geht also nicht darum, ob man sich mehr Geborgenheitsbedürfnisse erfüllen oder mehr auf die Selbstständigkeit achten soll, sondern dass wir lernen, beide Bedürfnisse auf immer höherem Niveau zusammen zu entwickeln. Wenn wir also mehr Autonomie entwickeln möchten, sollten wir gleichzeitig die Fähigkeit, gute Beziehungen zu gestalten, im Auge behalten und umgekehrt.

Die Grundbedürfnisse nach Autonomie und Geborgenheit kann man in mancher Hinsicht gut vergleichen mit unseren leiblichen Bedürfnissen nach Essen und Trinken. Stellen Sie sich vor, dass das Essen für das Bedürfnis nach Selbstverwirklichung, das Trinken für das Bedürfnis nach Geborgenheit und Anerkennung durch andere Menschen steht. Wir benötigen immer beides, wir können auf keines verzichten. Aber zu verschiedenen Zeiten sind beide Bedürfnisse unterschiedlich wichtig. Wenn wir uns z.B. krank und schwach fühlen, suchen wir Hilfe und Trost bei anderen Menschen, unser Geborgenheitsbedürfnis steht dann weit im Vordergrund. Übrigens essen wir während einer Krankheit meist tatsächlich weniger und haben auch mehr Durst. Wenn wir uns stark und kräftig fühlen, wollen wir auch etwas schaffen und dadurch unser Selbstbewusstsein steigern.

Manche Menschen mit einem schlechten Selbstwertgefühl bemühen sich als Ersatz dafür um Anerkennung und Zuwendung durch andere Menschen, oftmals fast um jeden Preis. Es ist so, als versuchten sie, ihren ungestillten Hunger durch permanentes Trinken zu reduzieren, was aber nicht lange vorhält. Deshalb haben Menschen mit einer Abhängigkeitsproblematik auch immer das Gefühl, zu wenig Zuneigung und Aufmerksamkeit zu bekommen und nie satt zu sein von Kontakten zu anderen Menschen, so wie hungrige Menschen, die nur die Möglichkeit haben, sich Getränke zu verschaffen. Wenn Sie zu dieser Gruppe gehören oder ihr nahe stehen, ist es besonders wichtig, dass Sie lernen, sich »Essen zu besorgen«, d.h. sich selbst ernst zu nehmen und Ihre Selbstständigkeit zu stärken. Ihr Therapeut wird dies vermutlich merken und Sie darauf aufmerksam machen, wenn Sie ihm schmeicheln oder ihm Geschenke machen, um seine Zuwendung zu erlangen. Er wird Sie stattdessen ermutigen, auf die eigenen Gefühle und Bedürfnisse zu achten und auch in der Therapie Konflikte zu riskieren und durchzustehen.

Es gibt aber auch die Menschen, die sich immer nur satt essen an dem Gefühl, wie toll und großartig sie sind. Dabei können sie kaum oder gar nicht auf andere Menschen eingehen und erhalten wenig Anerkennung und Zuneigung. Mir scheint, dass diese Gruppe gerade unter jüngeren Menschen zugenommen hat. Sie haben alle materiellen Dinge von ihren Eltern bekommen, ohne dass sie sich bemühen mussten. Aber sie haben nicht erfahren, wie lebenswichtig es ist, dass wir wirkliche Freunde haben, denen wir geben und die uns geben. Dies kann zu vielen unterschiedlichen Problemen in ihrem Leben führen. Wenn Sie zu dieser Gruppe gehören und Ihre Probleme lösen wollen, müssen Sie lernen, die Bedürfnisse und Rechte anderer Menschen zu verstehen und zu achten, weil wir als soziale Wesen aufeinander angewiesen sind.

Die meisten Menschen sind aber nicht so einseitig entwickelt, dass sie nur ihre Autonomie oder nur ihre Geborgenheitsbedürfnisse im Auge haben. Sondern es hängt von den konkreten Situationen ab, ob sie gerade mehr Probleme mit ihrer Selbstständigkeit oder mit ihren Geborgenheitsbedürfnissen haben, so wie wir eben zu unterschiedlichen Zeiten mal mehr Durst oder mal mehr Hunger haben. Wie dem auch sei, wir dürfen nicht vergessen, dass wir auf beide Bedürfnisse eingehen müssen, wenn wir unser Wohlbefinden wiederherstellen wollen.

Die Zusammenhänge zwischen dem inneren und dem äußeren seelischen Stoffwechsel sind sehr vielfältig. Eine ganze Fülle von Untersuchungen weist eindeutig in die Richtung, dass gute soziale Beziehungen nicht nur psychologische, sondern auch direkt körperlich gesundheitliche Auswirkungen haben. Und auch wenn wir in unserem begrifflichen Denken Autonomie- und Geborgenheitsbedürfnisse voneinander unterscheiden, so sind sie in Wirklichkeit nicht getrennt, sondern eng verzahnt und fließen ineinander über.

Der »liebe Gott« oder die Evolution haben offenbar mit dem menschlichen Individuum ein Lebewesen geschaffen, das nur in einem positiven Netz sozialer Beziehungen und einer gesunden Umwelt gut gedeiht.

3.3 Geborgenheit und Autonomie in der therapeutischen Beziehung

Beide Grundbedürfnisse kommen auch in der therapeutischen Arbeit zur Geltung.

Zuerst gehe ich auf das Geborgenheitsbedürfnis ein, da es als Grundlage oder Voraussetzung einer erfolgreichen Therapie die entscheidende Rolle spielt. Danach geht es um das Selbstvertrauen und die Selbstständigkeit, die im Therapieprozess zunehmend zum Tragen kommen und entscheidend sind für den erfolgreichen Abschluss einer Psychotherapie.

3.3.1 Geborgenheit und Vertrauen in der therapeutischen Beziehung

Ohne ein Gefühl von Geborgenheit kann ein Patient sich in einer Therapie nicht verändern.

Das Grundprinzip besteht darin, dass wir nur dann neue Wege gehen können, wenn wir uns relativ sicher sind. Befinden wir uns in einer emotional unsicheren Position, suchen wir erst einmal Stabilität und riskieren nicht noch neue Unsicherheiten. Bei Therapiebeginn sind Sie in der Regel in irgendeiner Weise, vielleicht sogar in fast jeder Hinsicht verunsichert, weil die eigenen Lebensbewältigungsfertigkeiten für die vorhandenen Probleme nicht ausreichen. Eine erfolgreiche Therapie erfordert deshalb immer die Herstellung einer vertrauensvollen therapeutischen Beziehung.

Als Patient bringen Sie immer ein gewisses Maß an Vertrauen, mag es auch noch so klein sein, mit in die Therapie, sonst hätten Sie die Therapie bei diesem Therapeuten gar nicht begonnen. Dieses Vertrauen kann aus einer Empfehlung durch einen zufriedenen anderen Patienten kommen. Vielleicht hat der Therapeut schon beim ersten Kontakt bei Ihnen einen Vertrauen erweckenden Eindruck hinterlassen. Und wenn es Ihnen sehr schlecht geht und Sie froh sind, angesichts der häufig monatelangen Wartezeiten überhaupt einen Therapieplatz bekommen zu haben, sind Sie bestimmt schneller bereit, Vertrauen zu fassen. Denn in sehr großer seelischer Not suchen wir nun einmal Hilfe und nehmen, was zu kriegen ist.

Wenn Sie zu Ihrem Therapeuten gar kein Vertrauen

mehr haben, weil das, was der Therapeut Ihnen anbietet, im Gegensatz zu Ihren bisherigen Erfahrungen und Ihren Bedürfnissen steht, werden Sie sich bewusst oder unbewusst auch gegen jede Veränderung durch die Therapie sperren. Denn Vertrauen hat auch etwas mit Glaubwürdigkeit und Überzeugungskraft zu tun.

Dabei kann es sein, dass Ihnen als Patient gar nicht so richtig bewusst ist, warum Sie die Auffassungen des Therapeuten nicht teilen. Er hat vielleicht »gute Argumente« gebracht, die Sie auf der logischen Ebene nicht widerlegen können. Ein Therapeut ist Ihnen auf dieser Ebene in der Regel überlegen. Das ist auch sinnvoll, denn wenn er Ihnen mit seinem Wissen um seelische Zusammenhänge im Allgemeinen nicht irgendwie voraus wäre, könnte er Ihnen gar nicht helfen. Doch trotz der besseren Argumente kann es sein, dass Sie spüren, dass seine Argumente, seine Sichtweise eines Problems für Sie nicht glaubwürdig sind. Entweder liegt dann der Therapeut mit seiner Sichtweise falsch, er hat Sie noch nicht richtig verstanden und Ihre Lebenserfahrungen noch nicht gut einbezogen in sein Konzept. Oder aber Sie haben ihn noch nicht richtig verstanden oder ihm auch noch nicht alles erzählt, was notwendig ist, um gemeinsam den besten neuen Weg für Sie zu finden.

Auf jeden Fall müssen die erkennbaren Meinungsverschiedenheiten genauso wie unterschwellige Zweifel in der Therapie zur Sprache gebracht werden, damit Sie das notwendige Vertrauen aufbauen, um sich verändern zu können. Ihr Therapeut wird sich bemühen, Ihre Zweifel wahrzunehmen und angemessen darauf einzugehen. Aber er wird es nicht immer merken, denn er ist ja auch nur ein Mensch, der immer auch Schwächen und blinde Flecken hat. Dann sollten Sie Ihre Zweifel ansprechen. Wenn Sie Ihre Zweifel oder Ihre Geheimnisse für sich behalten, obwohl die entsprechenden Themen in der Therapie anstehen, werden Sie nicht weiterkommen. Es besteht für Sie das Risiko, bei einem Therapeutenwechsel in dieselbe Sackgasse zu geraten.

3.3.2 Wie entsteht Vertrauen zum Therapeuten?

Vertrauen ist keine Sache, die man hat oder nicht hat, sondern es ist ein dynamisches, sich laufend veränderndes Element in jeder, auch in der therapeutischen Beziehung.

Vertrauen baut sich manchmal nur langsam auf. Es kann gestört werden oder gar wieder völlig verloren gehen. Das Vertrauen kann unterschiedlich ausgeprägt sein, man kann in einer Hinsicht, z.B. Pünktlichkeit, Vertrauen zu einem Menschen haben, in einer anderen Hinsicht, z.B. Hilfsbereitschaft, nicht. Ähnlich kann es auch in einer therapeutischen Beziehung sein. Für bestimmte Probleme, z.B. in der Partnerschaft, mag sich ein Patient vom Therapeuten gut verstanden fühlen, während er bei Problemen aus dem Arbeitsleben bei dem Therapeuten den Eindruck von Weltfremdheit hat, was übrigens nicht selten vorkommt. Denn von Arbeitsbedingungen außerhalb ihrer eigenen Erfahrungswelt wissen sie manchmal wirklich sehr wenig, und geben trotzdem »kluge« Ratschläge in diesem Bereich.

Es ist kein Beweis für eine schlechte Therapie, wenn Sie merken, dass Ihr Vertrauen gegenüber Ihrem Therapeuten gestört ist. Entscheidend ist, wie sich die Störung des Vertrauens weiter entwickelt, ob Sie mit Ihrem Therapeuten darüber reden können und schließlich zusammen die Unsicherheiten, Zweifel oder Meinungsverschiedenheiten bewältigen werden oder nicht.

Ich empfehle Ihnen dringend, sich von dem Gedanken zu lösen, dass Sie dem Therapeuten für die gesamte Therapie von vornherein »Vertrauen schenken« sollten. In einer Therapie werden Sie mit »blindem Vertrauen« auf Dauer keine Fortschritte machen.

Damit sind aber nicht Situationen gemeint, in denen der Therapeut anbietet oder vorschlägt, dass Sie ihm für einen überschaubaren Zeitraum oder in einer bestimmten Frage erst einmal glauben und seinen Vorschlägen vertrauen sollen. Denn das kann durchaus Sinn machen, vor allem dann, wenn Sie extremen Ängsten oder tiefen Depressionen ausgeliefert sind und dadurch nicht mehr in der Lage sind, sich ein differenziertes eigenes Urteil zu bilden. Die Empfehlung, dem Therapeuten erst einmal »blind« zu vertrauen, kann eine notwendige zeitlich begrenzte therapeutische Einzelmaßnahme sein. Ich erkläre in einer solchen Situation meinen Patienten, dass dies nur ein vorübergehender Zustand ist, dass die Therapie insgesamt immer darauf hinzielt, dass schließlich das Vertrauen zu den eigenen Gedanken und Gefühlen wieder zunimmt.

In einer guten Therapie will Ihr Therapeut nicht Ihr eigenes Urteil durch seines ersetzen wollen. Er wird sich die Mühe machen, Sie wirklich zu überzeugen, indem Sie selbst feststellen, ob seine Sicht der Dinge und Ihre Erfahrungen in Übereinstimmung gebracht werden können. So entsteht Ihr Vertrauen zum Therapeuten.

3.3.3 Das Risiko der Abhängigkeit vom Therapeuten

Das Ziel jeder Therapie ist die Auflösung von Abhängigkeit und die Entwicklung von Selbstvertrauen mit der Wiederherstellung der Fähigkeit, das eigene Leben wieder selbst in die Hand zu nehmen, ohne dass dauerhaft professionelle Hilfen benötigt werden.

Die mitunter unumgängliche zeitweilige Abhängigkeit vom Therapeuten muss immer so bearbeitet werden, dass sie auch wieder aufgelöst wird. Nur in Extremfällen besonderer Hilflosigkeit und Orientierungslosigkeit eines Patienten ist eine Abhängigkeit auf viele Jahre hin vertretbar. Entscheidend ist aber, ob in diesen langen Therapien die Selbstständigkeit und das Vertrauen des Patienten zu sich selbst gestärkt werden, auch wenn dies manchmal nur sehr langsam möglich ist, oder ob die Abhängigkeit von dem Helfer erhalten oder gar erst richtig aufgebaut wird. Letzteres ist ein schwerwiegender Therapeutenfehler.

Ein Therapeut, der dies nicht beachtet, übergeht und unterstützt nicht das zweite elementare Bedürfnis jedes Menschen, das Autonomiebedürfnis, das Bedürfnis, sich selbst zu verwirklichen. Denn wenn er meint, für Sie alle Ihre Probleme lösen zu können oder zu müssen, dann werden Sie in dieser Therapie, mögen Sie sich auch noch so wohl darin fühlen, keine wirklichen Fortschritte machen. Denn dieser Therapeut wird Ihnen nicht helfen, Vertrauen zu sich selbst zu finden. Dabei ist er sich seines eigenen Problemverhaltens nicht bewusst, sonst würde er sich nicht so unprofessionell verhalten.

- **Sie machen sich selbst vom Therapeuten abhängig.**

Ihre Abhängigkeit vom Therapeuten kann auch darauf beruhen, dass Sie die Neigung haben, sich in Beziehungen besonders abhängig zu machen, dass Sie insgeheim hoffen, der Therapeut wird Ihnen alle Ihre Probleme lösen. Vielleicht »lieben« Sie auch Ihren Therapeuten, weil er Ihnen so viel Sicherheit gibt, und beschenken ihn auch regelmäßig, damit er die Therapie ja nicht beendet. Das ist nicht tragisch und natürlich »dürfen« Sie als Patient dieses Verhalten zeigen. Es ist sehr wahrscheinlich ein wichtiger Aspekt zur Erklärung Ihrer Probleme und ist behandelbar und veränderbar, aber Ihre Neigung zur Abhängigkeit muss auch in der Therapie bearbeitet werden, sonst werden Sie nicht weiterkommen.

Wenn Sie zu den »abhängigen« Menschen gehören oder sich in einer abhängigen Phase befinden, ist Ihnen Ihre Abhängigkeit, Ihr Mangel an Autonomie und Selbstbewusstsein, oft nicht als Problem bewusst und Sie haben statt dessen das Gefühl, zu wenig Geborgenheit zu bekommen. Dies hängt damit zusammen, dass Sie besonders gut gelernt haben, sich in der Abhängigkeit von anderen Menschen Zuwendung zu verschaffen, und gleichzeitig kennen Sie sich mit dem Vertrauen auf sich selbst wenig aus.

Ein Therapeut, der diese Ihre Abhängigkeit und all die möglicherweise dazugehörigen Schmeicheleien nicht anspricht, macht einen Fehler und wird Ihre Selbstständigkeit und Ihr Selbstwertgefühl nicht wirklich stärken können.

Die Unselbstständigkeit eines Patienten kann auch in einer stationären psychiatrischen Behandlung übersehen oder sogar gefördert werden. Eine solche Behandlungsschwäche kann zu einer Abhängigkeit von der Klinik führen, wenn ein Patient mit einer psychologischen Abhängigkeitsproblematik immer wieder dort aufgenommen wird, ohne in seiner Selbstständigkeit eine Förderung und Entwicklung zu erfahren.

- **Manche Therapeuten empfinden die Abhängigkeit des Patienten als angenehm.**

Besonders schwierig wird es für Sie als Patient, wenn Therapeuten die Abhängigkeit ihrer Patienten genießen und davon einen materiellen oder emotionalen Gewinn haben. Unendlich lange Therapien, die womöglich privat weiter bezahlt werden, wenn die Krankenkassen die Kosten nicht mehr übernehmen (Kap. 12.3), sind die Folge und Ausdruck ungenügenden therapeutischen Bemühens, den Patienten in die Unabhängigkeit vom Therapeuten zu begleiten.

Aber es können auch andere Gründe eine Rolle spielen, weshalb Therapeuten nicht gewillt oder in der Lage sind, die Selbstständigkeit von Patienten zu fördern, sie rechtzeitig loszulassen und gezielt auf ein Ende der Therapie hinzuarbeiten. Die Möglichkeit einer Abhängigkeitsproblematik des Therapeuten selber ist hier das größte Problem. Wenn der Therapeut sich selbst wenig vertraut, dass er seine persönlichen Probleme allein lösen kann, wenn er womöglich selbst in einer Tabletten-, Alkohol- oder anderen Abhängigkeit gefangen ist, hat er auch kein Vertrauen dazu, dass seine Patienten eines Tages wieder allein mit ihrem Leben zurechtkommen. Und so sieht er womöglich bei Ihnen immer neue Probleme, um die er meint, sich kümmern zu müssen. Nun mag es ja für manche Patienten auch angenehm sein, dass ihr Therapeut sich so intensiv und so lange um sie bemüht. Aber wenn dieses Bemühen des Therapeuten Sie behindert, Selbstvertrauen und Selbstständigkeit aufzubauen, dann ist das keine gute therapeutische Beziehung mehr, die Ihnen weiterhilft.

Der Unterschied zwischen notwendiger und ungesunder Abhängigkeit

Wie können Sie nun unterscheiden, ob die Sicherheit und die Geborgenheit, die Sie bei Ihrem Therapeuten erleben, tatsächlich eine gute Grundlage für Ihren Entwicklungsprozess sind oder ob Sie in eine ungesunde Abhängigkeit geraten?

Ein wichtiges Erkennungsmerkmal einer negativen, abhängigkeitsfördernden Therapie besteht darin, dass Ihr Therapeut die Therapiefortschritte vor allem auf seine eigene gute Leistung, auf seine Therapiemaßnahmen und weniger auf Ihre zunehmend mehr entwickelten Fähigkeiten, Ihre Probleme zu lösen, zurückführt. Falls Sie den Eindruck haben, dass Ihr Therapeut Verbesserungen in Ihrer psychischen Verfassung vor allem mit seinen guten Vorschlägen und Entscheidungen erklärt und Ihrem eigenen Bemühen weniger Anerkennung gibt, entsteht ein berechtigter Verdacht, dass Sie von ihm unbewusst in eine Abhängigkeit gebracht oder darin gehalten werden.

Sie sollten dann darüber am besten mit Ihrem Therapeuten direkt sprechen. So können Sie ihm z.B. sagen: »Ich habe den Eindruck, dass Sie meine Fortschritte nicht mitbekommen.« Oder: »Ich habe Sorge, ich könnte zu sehr von Ihnen abhängig werden.«

Dabei werden Sie feststellen, ob Ihr Therapeut dies ernst nimmt oder ob er Ihrem Anliegen irgendwie aus dem Weg geht. Wenn Sie den Eindruck haben, Ihr Therapeut weicht diesem Thema aus, ist dies ein nachhaltiger Hinweis darauf, dass er Sie wahrscheinlich unbewusst in einer ungesunden Abhängigkeit hält.

Nicht die Tatsache, dass eine zunehmende Abhängigkeit entsteht, ist ein Anzeichen für eine schlechte Therapie, sondern die Art und Weise, ob und wie solche Probleme in der Therapie besprochen und gelöst werden können.

Wenn Sie eine berechtigte Angst vor einer zunehmenden Abhängigkeit haben und diese in der Therapie ansprechen und wenn Ihr Therapeut Ihre Bedenken versteht und akzeptiert, wird sich das Verhalten von beiden in der Therapie verändern. Sie beide werden der Bedeutung Ihrer Autonomie eine größere Achtsamkeit und einen größeren Stellenwert einräumen und auf diese Weise das von Ihnen zu Recht festgestellte Problem mehr oder weniger schnell lösen.

Sie werden nicht unbedingt sofort Klarheit darüber bekommen, ob Sie eine berechtigte Sorge vor einer Abhängigkeit vom Therapeuten haben. Wenn Sie Ihre Bedenken zusammen mit Ihrem Therapeuten untersuchen, werden Sie am weiteren Therapieverlauf merken, worin tatsächlich Ihr Problem besteht.

Wenn Sie eines Tages selbst die Therapie beenden wollen, möglichst in Absprache mit Ihrem Therapeuten, weil Sie das Gefühl haben, keine professionelle Hilfe mehr zu brauchen, dann ist Ihre Abhängigkeit vom Therapeuten gut behandelt und aufgelöst worden.

3.3.4 Selbstvertrauen und Selbstständigkeit in der Therapie

Der entscheidende Grund für den Beginn einer Psychotherapie besteht in einem vorübergehenden oder länger anhaltenden Mangel an Selbstvertrauen, weil Sie schwerwiegende psychische Probleme haben, für die Sie keine eigene Lösung gefunden haben.

Sie haben eins oder mehrere Probleme, die Sie nicht allein oder mit Hilfe von Angehörigen, Freunden, Arbeitskollegen lösen können. Vielleicht hat Ihnen auch Ihr

Hausarzt oder Ihr Nervenarzt oder ein anderer Facharzt zu einer psychotherapeutischen Behandlung geraten, um Ihre Ängste, Depressionen, Essstörungen, psychosomatischen Beschwerden oder andere psychisch bedingte Probleme zu bewältigen, weil er mit seinen therapeutischen Möglichkeiten nicht weiter gekommen ist oder weil diese für Ihr Problem nicht geeignet sind. Auf jeden Fall benötigen Sie eine spezielle psychologische Hilfe, und zwar so lange, bis Sie wieder ohne diese spezielle Hilfe leben können und mit Ihrem Leben wieder zufriedener sind.

Psychotherapien benötigen in der Regel einen Zeitraum von einigen Monaten bis zu mehreren Jahren. In der erfolgreichen Psychotherapie erlernen Sie neue sinnvolle Bewältigungsstrategien für Ihre ungelösten Probleme. Es ist ein Lernprozess, bei dem Sie nicht erst am Ende durch ein großes Aha-Erlebnis von Ihrem Kummer erlöst werden, sondern in dessen Verlauf Sie selbst schon merken, dass Sie etwas dazu lernen, dass Sie sich in einem guten Entwicklungsprozess befinden. Vielleicht können Sie Therapiefortschritte bei sich selbst beobachten und erkennen, »ich befinde mich auf dem richtigen Weg.« Aber vielleicht sind Sie sich darin nicht sicher. Dann sollten Sie auch diese Unsicherheit mit Ihrem Therapeuten besprechen, bis Sie eine zufriedenstellende Antwort auf das Problem gefunden haben.

● Überbetonung von Selbstständigkeit

Es kann auch vorkommen, dass Menschen psychische Schwierigkeiten haben, weil sie in einem Übermaß ihre Selbstständigkeit betonen, nämlich wenn die Grundlage für die Autonomie nicht ein gutes Vertrauen zu sich selbst ist, sondern die Angst vor Abhängigkeit. Im Alltag tritt dieses Problem oft als Überheblichkeit in Erscheinung. Denn Menschen mit einem guten Selbstvertrauen sind nicht überheblich. In der Therapie kann es dazu führen, dass Patienten unberechtigterweise Therapeuten abwerten und kritisieren, aber sich mit diesem Problemverhalten nur schwer auseinander setzen können. Diese Menschen haben meistens Ängste, sich überhaupt auf Beziehungen einzulassen aufgrund der Befürchtung, in einer engeren Beziehung und in einem ehrlichen Gespräch ihre eigenen Bedürfnisse aus den Augen zu verlieren. Lassen sich also Ihre einseitige Betonung von Autonomie oder Ihre Angst vor Abhängigkeit durch Beziehungsängste erklären, dann sollte dieses Problem auch in der Therapie bearbeitet werden. Ob dies für Sie zutrifft, werden Sie mit Ihrem Therapeuten herausfinden, wenn Sie Ihre Ängste und Unzufriedenheiten in der Therapie zur Sprache bringen. Dann wird er Ihnen helfen, Ihre Angst vor Beziehungen abzubauen, ohne sich dabei selbst anderen völlig auszuliefern, also eine gute Balance zwischen Ihren Autonomie- und Geborgenheitsbedürfnissen zu finden.

3.3.5 Wie entsteht Selbstvertrauen in der Therapie?

Die Entwicklung Ihres Selbstvertrauens können nur Sie selbst feststellen.

In manchen Therapiephasen überprüft der Therapeut, ob sich seine Behandlung erfolgreich entwickelt. Deshalb wird er sich zeitweise die Rückmeldung von Ihnen einholen, ob sich nach Ihrer Sicht oder nach Ihrem Gefühl die Therapie noch auf dem richtigen Weg befindet und Ihnen weiterhilft. Das bedeutet aber nicht, dass er keine eigene Meinung zu dem Therapieprozess hat, wenn er Sie nach Ihren Eindrücken befragt. Aber Ihre Unsicherheiten und Zweifel können für ihn entscheidende Anhaltspunkte zur Korrektur und zur Weiterentwicklung seines therapeutischen Vorgehens sein. Indem er Ihr Urteil zum Therapieverlauf erfahren möchte, zeigt er Ihnen gleichzeitig damit, dass Sie sich selbst und Ihre Sichtweise ernst nehmen sollten. Es trägt zu Ihrem Selbstvertrauen bei, wenn Sie feststellen, dass Ihre Überlegungen ernst genommen werden, unabhängig davon, ob Sie die Dinge richtig sehen oder nicht.

Eine Bedingung hierfür ist aber, dass der Therapeut sich mit Ihren zweifelnden und kritischen Aussagen auch tatsächlich auseinander setzt. Ein wiederholtes Fragen nach Ihrer Meinung, ohne dass neue Denkanstöße für Sie damit verbunden sind, das Sie also nicht weiterbringt, ist ziemlich nutzlos. Therapeuten können auch überheblich und unsicher sein, nämlich wenn sie einfach wie selbstverständlich davon ausgehen, dass sie eine erfolgreiche Therapie machen, aber in Wirklichkeit eine abweichende Meinung ihres Patienten nicht hören wollen. Ein solches Therapeutenverhalten behindert die Stärkung des Selbstbewusstseins des Patienten. Denn wenn Ihr Therapeut Ihre Aussagen nicht ernst nimmt, wie sollen Sie dann bei ihm lernen, das Vertrauen zu sich selbst wiederzufinden? Das aber ist genau die entscheidende Voraussetzung für eine gute Therapie.

Die Therapie wird erfolgreich abgeschlossen, wenn Sie keine spezielle psychologische Hilfe mehr zur Lösung Ihrer Probleme benötigen. Sie haben Ihr Vertrauen zu sich selbst gefunden oder wiedergefunden und sind jetzt wieder in der Lage, Ihr Leben zu bewältigen.

4 Psychotherapeuten sind auch nur Menschen

Psychotherapeuten haben eine umfangreiche Ausbildung und ein großes Wissen über seelische Zusammenhänge angesammelt. Trotzdem berühren sie in ihrer Arbeit immer auch eigene fachliche und menschliche Schwächen und Grenzen.

4.1 Die fachlichen Grenzen des Therapeuten

Hinter den Begriffen »Psyche« oder »Seele« verbirgt sich ein hochkomplexes Geschehen, das kein Therapeut vollständig durchschauen kann.

Ich benutze die Worte »Psyche« und »Seele« fast in gleicher Weise. In der Therapie orientiere ich mich dabei an dem Begriffssystem meiner Patienten. Bei gegebenem Anlass frage ich sie, welcher Begriff, »Psyche« oder »Seele«, ihnen vertrauter ist. Fast alle Patienten entscheiden sich für den Begriff »Seele« und bringen in dem Therapieprozess oftmals auch ihre spirituellen Sehnsüchte zur Sprache.

Wir nehmen alle Lebenserfahrungen mit unserer äußeren Umwelt, unseren Mitmenschen, und die aktuellen Ereignisse wahr, speichern und verarbeiten sie. Unsere Gedanken und Gefühle laufen ab in einem hochdifferenzierten Nervensystem und stehen in enger Verbindung mit hormonellen Steuerungen und mit allen Organen, die, wie wir inzwischen wissen, auf seelische Prozesse intensiv reagieren, von der Haut und den Haaren über die inneren Organe bis hin zur Muskulatur und den Zähnen.

Die Reaktionen des Körpers auf die Psyche werden als »psychosomatisch« bezeichnet. Umgekehrt können krankhafte Veränderungen des Körpers, z. B. eine Krebserkrankung, auch heftige seelische Prozesse auslösen, die als somatopsychische Reaktionen zu sehen sind. Oftmals lassen sich das psychosomatische Geschehen und die somatopsychischen Reaktionen gar nicht auseinander halten, der Mensch reagiert auf ein Problem gleichzeitig körperlich und seelisch. In unserer Psyche wirken auch die inneren Prozesse unserer biologischen und psychologischen Entwicklung, die Reifungs- und Alterungsprozesse.

Ein Teil der psychischen Prozesse ist uns bewusst, ein anderer Teil liegt für unser Bewusstsein im Dunkeln und drückt sich nur über Gefühle oder Körperreaktionen aus. Unsere psychischen oder seelischen Prozesse können wir wahrnehmen und verstehen, wenn wir die Aufmerksamkeit auf uns selbst gerichtet haben. Diese sogenannte Introspektionsfähigkeit ist bei den Menschen unterschiedlich ausgeprägt, wir können diese Fähigkeit entwickeln. Dies wird auch durch positive Kontakte und ehrliche Gespräche mit einem anderen Menschen sehr gefördert. Diese Fähigkeit wird auch in der Therapie gefördert, weil sie die unabdingbare Voraussetzung dafür ist, dass Sie Ihre Probleme gut erkennen und damit auch lösen können. Denn niemand anders kann dies für Sie tun.

Auch ein Therapeut ist angesichts dieser komplexen psychischen Prozesse nicht in der Lage, **alle** wichtigen Informationen einzuholen, geschweige denn die seelischen Prozesse nach seinen Vorstellungen zum Wohle des Patienten zu organisieren. Genauso sind auch auf die Psyche einwirkende Medikamente (Psychopharmaka) nicht in der Lage, diesen hochkomplexen Prozess allein »in den Griff zu bekommen« (Kap. 10).

Heutzutage ist den meisten Psychotherapeuten klar, dass sie nicht alles Wichtige von einem Patienten wissen müssen, um ihm sagen zu können, wie er sich weiter verhalten soll. Es geht in der Psychotherapie stattdessen darum, den Patienten in seinem Klärungsprozess der belastenden Probleme zu begleiten und zu unterstützen. Normalerweise wird kein Therapeut dem Patienten sein Konzept überstülpen wollen.

Außerdem erbringt die Wissenschaft auch in diesem Bereich laufend neue wichtige (manchmal auch nur banale) Erkenntnisse, über die wir Therapeuten nicht immer und vollständig verfügen können.

Die verschiedenen Bereiche: die Verarbeitung der Außenweltreize, das Zusammenspiel zwischen Körper und Seele und die bewusste und unbewusste Bewältigung der inneren Entwicklungsprozesse greifen also mit sehr komplexen Mechanismen eng ineinander, die erst durch die Selbsterkenntnis des Patienten beeinflusst werden können.

Ein Therapeut kann diesen Prozess einer Therapie nicht vollständig überblicken oder gar unter Kontrolle haben. Er stellt Ihnen sein Wissen auf seine Art zur Verfügung, damit Sie Ihren Lebensweg wiederfinden.

4.2 Die persönlichen »blinden Flecke« von Therapeuten

Wenn Sie ein Problem haben, das den Therapeuten an einem eigenen, ihm noch nicht bewussten, also verdrängten Problem berührt, wird er Ihnen nicht ohne weiteres helfen können. Er wird möglicherweise die Schuld für Therapieprobleme oder gar für das Scheitern der Therapie mit irgendwelchen Gründen beim Patienten suchen.

Psychotherapeuten können nach meinen Beobachtungen mit Selbstkritik ein besonderes Problem haben.

Ein Mangel an Selbstkritik in der therapeutischen Branche beruht zum einen auf den üblichen wirtschaftlichen Interessen der »Psychospezialisten« im Gesundheitswesen, die sich wie jeder andere Wirtschaftszweig stark, positiv und ohne Schwächen darstellen wollen, um einen möglichst großen Teil aus dem Kuchen der Krankenversicherung herauszuschneiden, auch wenn dieser Teil im Verhältnis zu anderen Krankheitskosten relativ gering ist. Dass jeder Bereich der Medizin sich selbst heftig verteidigt, ist Ihnen sicherlich aus den Diskussionen um die Gesundheitsreformen bekannt.

Zu diesem allgemeinen menschlichen und wirtschaftlichen Problem kommt ein spezielles Psychotherapeutenproblem hinzu: Therapeuten tragen wie alle anderen Menschen auch verdrängte Probleme mit sich herum, es kann sogar Tabuthemen zu bestimmten persönlichen Grenzen und Schwächen geben, über die sie nicht reden können.

»Blinde Flecken« bestehen gerade darin, dass man sie selbst nicht direkt erkennen kann, weil man ein psychisch belastendes Thema nur durch Ausblenden erträgt.

Psychotherapeuten sind auch nur Menschen, und wenn die Angst eines Therapeuten vor einem eigenen blinden Fleck groß genug ist, so dass er ihn verdrängt, kann er sich sogar unbewusst von dem Problem eines Patienten bedroht fühlen. Er wird es ausblenden, wenn er unterschwellig Befürchtungen hat, mit eigenen verdrängten Problemen konfrontiert zu werden, z.B. dass er seinen Job psychisch nicht mehr schafft, dass seine Ehe in einer echten Krise ist oder dass er in einer Abhängigkeit gefangen ist. Dies kann auch in Ihrer Therapie bedeutsam werden.

Jeder Therapeut hat »blinde Flecken« und gerät Zeit seines Lebens immer wieder an mehr oder weniger bedeutsame Schwächen und Grenzen. Das lässt sich nicht vermeiden, aber es gibt Möglichkeiten, in der Therapie damit konstruktiv umzugehen.

Wie können Sie die Grenzen und »blinden Flecken« des Therapeuten bemerken?

Angesichts der angesprochenen Komplexität der seelischen Prozesse in einem Menschen und angesichts der naturgegebenen menschlichen Begrenztheit eines Therapeuten in der Erfassung und Verarbeitung solcher Prozesse kann der Therapeut die Therapie nicht planen und von Anfang bis Ende umsetzen wie ein technisches Projekt. In einer gut verlaufenden Therapie ist der Therapeut bereit und in der Lage, zu jedem Zeitpunkt das Therapieziel und sein Konzept in Absprache mit Ihnen zu verändern, wenn es nicht mehr weiterhilft. Aber wenn die Therapie in eine echte Krise gerät, entsteht das Risiko, dass der Therapeut an seinem nicht mehr tauglichen Konzept festhält auf Kosten des Patienten.

Jetzt wird **jeder** Therapeut sagen, das stimmt, aber **ich** bin in der Krise nicht rigide, sondern reagiere flexibel auf meine Patienten. Meistens glauben also die Therapeuten, dass sie merken, wenn sie in der Therapie an die Grenzen ihrer Möglichkeiten kommen, und dass sie dann flexibel genug sind, eine neue Strategie einzuschlagen. Das ist aber nicht immer der Fall. Solange der Therapeut handlungsfähig ist und neue therapeutische Ideen und Konzepte entwickeln kann, ist er noch nicht an seine wirklichen Grenzen und »blinden Flecke« gelangt.

Eine echte Erfahrung der eigenen Begrenztheit ist gekennzeichnet durch die Empfindung von Ratlosigkeit, Hilflosigkeit oder gar Hoffnungslosigkeit. Der Sinn dieser Gefühle für uns Menschen besteht gerade darin, die bisherigen Konzepte gründlich in Frage zu stellen, um sich für völlig neue Wege zu öffnen. Dieses Grundprinzip gilt auch in der Therapie und für den Therapeuten.

Wenn der Therapeut seine eigenen Gefühle der Ratlosigkeit, Hilflosigkeit und manchmal sogar Hoffnungslosigkeit nicht verdrängt, sondern erst einmal wahrnimmt und aushält und sich nicht in vorschnelle oberflächliche Antworten flüchtet, ist eine wirklich gute Therapie zur Bewältigung von Krisen möglich.

Aber wenn der Therapeut vergisst oder sich noch gar nicht damit auseinander gesetzt hat, dass er seine blinden Flecke ja gar nicht sehen kann, nimmt er die entsprechenden Signale in Form von Gefühlen der Ratlosigkeit und Hilflosigkeit nicht mehr ernsthaft zur Kenntnis. Wenn er diese Gefühle wegdrückt, wendet auch er all die unbewussten Mechanismen an, die uns Menschen zur Verfügung stehen, wenn wir Probleme nicht bewusst bewältigen können. Burnout und eigene psychosomatische Störungen können dann das Ergebnis wiederholter unbewusster und nicht bewältigter Grenzerfahrungen des Therapeuten sein, wenn er diese Probleme nicht verarbeitet, sie »runterschluckt«, sie also auf diese Weise bei sich behält.

Es kann aber auch vorkommen, dass die unbewussten Grenzen des Therapeuten die Therapie beeinflussen, indem Projektionen (Übertragungen) der Therapeutenprobleme auf den Patienten erfolgen. Dies hilft nicht mehr, sondern belastet den Patienten zusätzlich. Vielleicht spricht der Therapeut dann davon, dass **Sie** ratlos oder hilflos sind.

Wenn Sie den Eindruck haben, dass Ihr Therapeut länger anhaltend unsicher und hilflos ist, sollten Sie ihn ruhig danach fragen, indem Sie z.B. sagen: »Ich habe den Eindruck, dass Sie im Moment auch etwas unsicher sind, wie es in der Therapie weitergehen sollte. Ist mein Eindruck richtig?« Ob die Unsicherheit oder die Hilflosigkeit mehr von Ihnen oder vom Therapeuten ausgeht, ist erst einmal nicht so entscheidend, wichtig ist, dass diese Gefühle, die im Raum sind, zur Sprache kommen und nicht einfach hingenommen werden.

Die »blinden Flecke« des Therapeuten können sich auf unterschiedliche Weise bemerkbar machen, haben aber meist zur Folge, dass eine Therapie nicht weitergeht oder dass es Ihnen mit der Therapie schlechter geht. Das spüren Sie, auch wenn Sie diese Ursache meistens nicht erkennen können. Es ist auch nicht Ihre Aufgabe, die Probleme des Therapeuten zu analysieren. Aber es ist wichtig, dass Sie die Anzeichen für eine nicht mehr gut verlaufende Therapie zur Sprache bringen, damit auch mögliche Therapeutenprobleme nicht mehr verdeckt bleiben. Worin die Ursache für diese Probleme besteht, ob sie mit persönlichen Problemen des Therapeuten zu tun hat und wie der Therapeut es für sich klärt, all diese Fragen gehören nicht in die Therapie, die sich um Ihre Probleme und nicht um die des Therapeuten kümmern soll. Entscheidend ist, dass sich dann in dem Klärungsprozess herausstellen wird, ob die Schwierigkeiten lösbar sind oder nicht. Es ist ein unverzichtbarer Bestandteil des professionellen Selbstverständnisses von Therapeuten, sich mit den eigenen Problemen und Schwächen auseinanderzusetzen und sie nicht auf die Patienten zu übertragen.

Über seine persönlichen Probleme sollte der Therapeut in der Therapie nicht sprechen, weil dies sehr leicht für den Patienten zur Belastung werden kann. Ich finde es dann vertretbar, bei manchen Themen behutsam auch über persönliche Erfahrungen zu sprechen, wenn ich meine, dass dies dem Patienten hilft, und wenn ich sicher bin, dass ich ihn nicht verunsichere oder bedränge. Aber auch wenn der Therapeut keine persönlichen Erfahrungen in der Therapie anspricht, so haben diese im Positiven wie im Negativen, bewusst und vor allem auch unbewusst, einen großen Einfluss auf das Therapiekonzept. Ein Therapeut wird Ihnen nichts vorschlagen, was gegen seine eigene Lebenserfahrung spricht.

Manche Psychotherapeuten haben sich Erklärungen zurechtgelegt, mit denen sie begründen, warum sie über ihr Therapiekonzept und ihr eigenes Verhalten nicht mit sich diskutieren lassen. Das ist meiner Auffassung nach nicht zu rechtfertigen. Vermutlich versuchen sie damit, ihre Schwächen aus dem Therapiegespräch herauszuhalten und sich womöglich eine unangreifbare Position aufzubauen, die aber notwendige Therapiekorrekturen behindert und dem Patienten schaden kann.

Wir Therapeuten sollten ganz bewusst von dem Sockel, auf den Sie, die Patienten, uns manchmal stellen, aber auf dem auch wir Therapeuten uns selber leicht sehen, heruntersteigen. Wenn wir nicht selbst herunterkommen, dürfen Sie uns nicht auf dem Sockel stehen lassen. Wir sind keine besonderen Menschen. Nur auf einer menschlich gleichberechtigten Ebene zwischen Patienten und Therapeuten ist eine vertrauensvolle Beziehung und damit eine professionelle Hilfe möglich.

4.3 Die Therapiekrise – Ihr Therapeut weiß nicht weiter

In der Therapiekrise zeigt sich die Qualität des therapeutischen Konzepts und die Stärke der therapeutischen Beziehung.

Mit Therapiekrise ist eine solche Therapiesituation gemeint, in welcher der Therapeut selbst nicht weiterweiß. Wenn der Patient in der Therapie in einer Krise ist, wird dies solange noch nicht zu einer Therapiekrise, wie der Therapeut gut damit umzugehen vermag. Wenn aber sein Konzept in eine Krise gerät, muss er neue Informationen einholen, neue Erkenntnisse gewinnen, vielleicht sogar erst einmal einen blinden Fleck in seinem eigenen Leben erkennen, bevor er einen neuen konstruktiven Therapieansatz findet.

Therapiekrisen können sehr unterschiedlich sein, z. B. gibt es kleine Krisen, die sich relativ schnell auflösen, es können aber auch schwere, sehr belastende Krisen sein, die zu einem Therapieabbruch führen können. Der Therapeut kann sich in der Fachliteratur Hilfe holen, einen Supervisor um Rat fragen oder das Problem in der kollegialen Supervision mit Berufskollegen (Intervision) beraten. Manchmal sind auch Therapiekrisen Auslöser dafür, dass der Therapeut selbst eine Therapie beginnt. Es ist erforderlich, dass Psychotherapeuten auf Dauer und nicht nur als Anfänger regelmäßig an einer Supervision oder Intervision teilnehmen, auch wenn es gesetzlich noch nicht verlangt wird. Regelmäßige Supervision für Therapeuten erhöht auch die Wachsamkeit gegenüber eigenen Problemen, die ihnen während einer Therapie bewusst wurden, und fördert die Bereitschaft, sich bei einer guten kollegialen Unterstützung mit den eigenen blinden Flecken auseinander zu setzen. Sie können Ihren Therapeuten auch fragen, ob er auch Supervision in Anspruch nimmt.

Manche Therapiekrisen können sehr gut in der Therapie zusammen mit dem Patienten bewältigt werden. Wenn der Therapeut Ihnen mitteilt, dass er an einem bestimmten Punkt der Therapie nicht richtig weiterweiß, kann er dies auch als Herausforderung darlegen, gemeinsam nach Lösungen zu suchen. Mit einer solchen konstruktiven Herangehensweise zeigt der Therapeut, dass er nicht orientierungslos ist. Es kann manchmal sogar heilsam für den Patienten sein, wenn er feststellt, dass auch sein Therapeut an seine Grenzen kommt und nicht nur Patienten in den Zustand der Hilflosigkeit geraten können.

Wenn der Therapeut seine eigenen Grenzen feststellt, aber **ohne** unterschwellige Vorwürfe an den Patienten, **ohne** aufgesetzt wirkende Selbstkritik und **ohne** die versteckte Androhung eines Therapieabbruchs, mit anderen Worten, bei Erhalt der guten therapeutischen Beziehung, dann fangen viele Patienten an, noch einmal neu ihre Probleme zu betrachten und Gesichtspunkte anzusprechen, die sie bisher bewusst oder unbewusst zurückgehalten haben. Auf diese Weise können manche Therapiekrisen ebenfalls erfolgreich und sehr heilsam bewältigt werden.

Sollten Sie trotzdem in der Therapie nicht weiterkommen, können Sie ohne gegenseitige Zuschreibung der Schuld für diesen Zustand besprechen, wie Sie als Patient mit dem ungelösten Problem am besten umgehen können. Man kann es z. B. erst einmal ruhen lassen und sich anderen Problemen zuwenden. Vielleicht klärt sich das »unlösbare« Problem später noch auf eine ganz unerwartete Weise. Oder Sie können sich mit Ihrem Therapeuten über andere Hilfen (Therapeutenwechsel, Medikamente, stationäre Behandlungen usw.) beraten. Und natürlich steht es Ihnen auch frei, die Therapie zu beenden und sich anderweitig beraten zu lassen. Manchmal kommen Patienten nach Jahren mit einem ungelösten Problem erneut für eine Therapie zum selben Therapeuten und können es dann erfolgreich lösen.

Eine Therapiekrise wurde dann gut bewältigt, wenn die therapeutische Beziehung von beiden Seiten nicht durch Schuldzuweisungen zerstört wurde und entweder ein neuer Therapieansatz gefunden oder in einer für beide akzeptablen Weise die Therapie beendet wurde.

4.4 Umgang mit Konflikten und Verunsicherungen

Konflikte und Unsicherheiten sind weder gut noch schlecht für eine Therapie. Wichtig ist, wie sie angegangen werden. Die Möglichkeit, direkt darüber zu sprechen, ist ein wichtiges Qualitätsmerkmal für einen guten Therapieprozess.

Die einfachen Tatsachen, dass es Verunsicherungen und Meinungsverschiedenheiten zwischen Ihnen und Ihrem Therapeuten gibt, dass Sie Ihr Vertrauen gegenüber dem Therapeuten zeitweise in Frage stellen, dass heftige Krisen, in denen es Ihnen schlecht geht oder in denen der Therapeut einmal ratlos ist, vorkommen, sind für sich genommen kein Beleg für eine gute oder für eine schlechte Therapie oder therapeutische Beziehung. Entscheidend ist, ob Ihr Therapeut Ihre Zweifel oder Ihre Unzufriedenheit mit der Therapie ernst nimmt. Dies setzt aber voraus, dass Sie diese zur Sprache bringen.

Verunsicherungen treten meistens auf, wenn wir uns in einer Übergangssituation befinden, wenn alte Vorstellungen in Zweifel gezogen werden und noch keine stabile neue Sichtweise vorhanden ist. Es ist also ein ganz normaler und auch notwendiger Prozess im Leben wie in einer Psychotherapie.

Wenn es Ihnen nicht möglich ist, noch in derselben Therapiesitzung auf eine Verunsicherung oder einen Konflikt zu reagieren, sprechen Sie es möglichst gleich zu Beginn der nächsten Therapiestunde an, damit es nicht aus dem Bewusstsein verloren geht und womöglich unterschwellig die Therapie behindert. Sie können z.B. sagen: »Bevor wir über etwas anderes sprechen, möchte ich noch einmal auf ein Problem von der letzten Stunde eingehen, dass mich in der Zwischenzeit sehr beschäftigt hat.« Sie können auch mit einer Person, zu der Sie ein gutes Vertrauen haben, vor der nächsten Sitzung das Problem besprechen. Sie haben keine Schweigepflicht darüber, was in der Therapie passiert, außer wenn Sie in einer Gruppentherapie etwas von anderen Patienten erfahren.

Wichtige Verunsicherungen, die Sie ansprechen müssen, unterscheiden sich von Bagatellen dadurch, dass diese Sie belasten oder dass Sie darüber länger nachdenken. Wenn der Therapeut ein Therapieproblem, das Sie bedrückt, nicht ernst nimmt, sollten Sie beharrlich bleiben. Es nützt Ihnen ja auch nichts, wenn der Automechaniker sagt, Ihr Auto sei in Ordnung, und Sie an der nächsten Ecke eine Panne haben. Sie werden dann zu Recht darauf bestehen, dass die Probleme behoben werden, auch wenn der Mechaniker versucht, diese herunterzuspielen.

Wenn Ihr Therapeut der Auffassung ist, dass Sie bei einem Problem aus einer Mücke einen Elefanten machen, dann muss das eben geklärt werden. Es ist erst erledigt und Sie haben etwas daraus gelernt, wenn Sie verstanden haben, dass Sie tatsächlich aus einer Mücke einen Elefanten gemacht haben. Solange Sie aber noch Zweifel haben, ist eben nicht geklärt, ob Sie aus einer Mücke einen Elefanten machen oder ob der Therapeut aus einem Elefanten eine Mücke machen will, also ein bestehendes ernsthaftes Problem herunterspielt. Übrigens kann es auch genau anders herum sein, dass der Mechaniker wie der Therapeut eine riesige Reparatur vorschlägt, die Ihnen unsinnig erscheint. Auch dann sollte sich nicht einfach der eine dem anderen unterordnen, sondern das Problem sollte zusammen besprochen werden, bis eine für Sie akzeptable Klärung vorliegt.

Die Entstehung und die konstruktive Auflösung von Verunsicherungen und Konflikten sind Kennzeichen einer gut verlaufenden Therapie.

4.5 Die Aufgabe des Therapeuten

Es ist Aufgabe des Therapeuten, Ihnen zu helfen, dass Sie Ihre Probleme lösen.

Es gibt gewisse Therapeuten, die meinen, ein Therapieerfolg sei ihre Leistung, ein Therapieversagen jedoch Schuld der Patienten. Dies ist eine destruktive Einstellung. Wenn Sie Ihre Probleme in der Therapie lösen konnten, haben Sie die Hauptarbeit geleistet, der Therapeut ist nur eine Art Hebamme, die Geburt müssen Sie zu Wege bringen. Aber wenn die Therapie keine Fortschritte macht oder gar zu einer Verschlimmerung Ihrer Beschwerden führt, dann hat der Therapeut seine Aufgabe, Ihnen zu helfen, nicht gelöst.

Auch wenn der Patient in der Therapie einen sogenannten »Widerstand« zeigt, ist es Aufgabe des Therapeuten, dem Patienten aus diesem unbewussten Widerstand heraus zu helfen. Wenn bei Ihnen eine solch unbewusste Blockade der Therapie vorliegt, hilft Ihnen ein Vorwurf des Therapeuten, dass Sie die Therapie blockieren, nicht weiter, er muss sich dann schon die Mühe machen, Ihnen Ihre unbewussten Blockaden bewusst zu machen. Und dazu muss der entsprechende psychische Mechanismus aufgedeckt werden, bis **Sie** ihn verstehen. Denn dass der Therapeut ihn versteht, hilft Ihnen nicht weiter. Und solange der Therapeut nicht in der Lage ist, Ihnen Ihre unbewussten Mechanismen bewusst zu machen, hat er sie selbst auch noch nicht richtig in ihrem ganzen Ausmaß verstanden. Sollte ihm dies nicht gelingen, hat er ja die Möglichkeit, Ihnen zu sagen, dass er nicht in der Lage ist, Ihnen zu helfen. Er sollte es sich selbst eingestehen und vor allem aber Ihnen mitteilen, dass er Ihr Problem nicht lösen kann, damit Sie frei werden, einen anderen Weg einzuschlagen.

Wenn ein Therapeut Ihnen vorwerfen sollte, Sie wollten keine Hilfe, dann müsste er Ihnen auch sagen können, warum Sie überhaupt in die Therapie kommen. Meistens kann er dies nicht begründen, weil Sie normalerweise wegen der erwarteten Hilfe zu ihm gekommen sind. Der Vorwurf, Sie wollten keine Hilfe, ist vielleicht nur eine sinnvolle Provokation, um Sie aus der Reserve zu locken. Wenn der Vorwurf aber ernst gemeint ist, Sie jedoch in Wirklichkeit Hilfe haben möchten, dann verschleiert der Therapeut damit nur seine Schwierigkeiten, Ihnen zu helfen.

Ganz sachlich betrachtet ist es nichts Herabsetzendes und Negatives für den Therapeuten, wenn er Ihnen nicht helfen kann. Denn er ist auch nur ein Mensch und muss nicht alles können.

Allerdings können Therapeuten sich dies gelegentlich nicht eingestehen aus unterschiedlichen Gründen. Und es kann schwerwiegende Konsequenzen für Sie haben, wenn sich der Therapeut seine eigenen Grenzen nicht eingesteht. Wenn Ihr Therapeut Ihnen nicht oder nicht mehr helfen kann, ist es für Sie wichtig zu wissen, dass es weder ein Beleg für die besondere Schwere Ihres Problems, schon gar nicht für die Unheilbarkeit ist, noch dass es ein Beweis für die völlige Unfähigkeit des Therapeuten ist. Es ist schlicht und einfach die Tatsache, dass Ihr Therapeut bei der Lösung Ihres Problems an seine Grenzen gekommen ist, und das, wie gesagt, kann und darf sein.

Es ist unrealistisch, vom Therapeuten zu verlangen, dass er alle Probleme lösen kann. Und es ist unehrlich, wenn ein Therapeut so tut, als könne er es.

4.6 Wer ist »schuld« am Scheitern einer Therapie?

Wenn sich keine hinreichenden positiven Perspektiven in der Therapie mehr ergeben, teile ich dies dem Patienten mit, um dann vielleicht gemeinsam einen neuen Weg zu finden. Wenn uns dies trotz intensiver Bemühungen nicht gelingt, besteht aber auch immer die Möglichkeit, dass wir gemeinsam feststellen, dass ich wohl nicht der geeignete Therapeut für sein immer noch ungelöstes Problem bin. Dabei ist es mir sehr ernst damit, dass ich das Scheitern einer Therapie auf meine Kappe nehme und nicht den Patienten zusätzlich belaste.

Dass auch ein Patient für sich entscheiden kann, eine Therapie vorzeitig gegen therapeutischen Rat zu beenden oder erst einmal zu unterbrechen, obwohl also der Therapeut sich selbst noch für handlungsfähig hält, ist eine andere Sachlage (Kap. 11.3).

Wenn Sie Kritik an einem Therapeuten deutlich äußern, sollten Sie sich auch darauf einstellen, dass es zu einem unangenehmen Ende der Therapie kommen kann. Es kann nämlich manchmal sein, dass Ihr Therapeut damit nicht konstruktiv umgehen kann, vor allem, wenn er nicht bemerkt hat, dass Ärger und negatives Denken in der Therapie entstanden ist, mit seiner Beteiligung und Verursachung. Aber auch wenn Sie schon ein erhebliches Wutgefühl oder ein sehr pessimistisches Denken in die Therapie mitgebracht haben, es also von Anfang an ein wesentlicher Teil Ihres Problems ist, dann darf sich der Therapeut bei einem Scheitern der Therapie nicht damit begnügen, festzustellen, dass Sie diese Probleme haben. Es ist ja Aufgabe der Therapie, dass Sie davon wegkommen. Und wenn dies nicht gelingt, sollte der Therapeut eingestehen, dass er von Ihrem Problem mit soviel Wut, Ärger, Depressivität oder Pessimismus überfordert ist. Es ist unsinnig, Ihnen die Probleme, mit denen Sie in die Therapie kommen, vorzuwerfen und darin die Schuld am Scheitern der Therapie zu suchen. Der Automechaniker, der die Reparatur nicht bewältigt, kann sich auch nicht hinstellen und den Kunden für das kaputte Auto verantwortlich machen. Zwar sind Sie als Patient nicht passiv wie ein Auto, sondern Sie können den Therapieverlauf mit beeinflussen. Aber die Verantwortung für das Therapiekonzept, für Erfolg oder Misserfolg liegt beim Therapeuten, solange Sie ehrlich mitarbeiten, nicht absichtlich blockieren und Wichtiges verschweigen und sich ernsthaft bemühen, über Ihre Probleme so offen, wie es Ihnen möglich ist, zu sprechen. Und da Sie wirklich Hilfe in der Therapie gesucht haben, haben Sie vermutlich das dazu beigetragen, was Ihnen möglich war.

Lassen Sie sich bei einem Therapieabbruch auf keinen Fall ein schlechtes Gewissen aufbürden.

4.7 Drei Verhaltensweisen überforderter Therapeuten

Wenn der Therapeut nicht bereit oder in der Lage ist, sich mit Ihren Einwänden und Kritiken auseinander zu setzen, werden Sie auf Ihren Bedenken sitzen bleiben und in der Therapie nicht weiterkommen.

Jeder Psychotherapeut wird für sich in Anspruch nehmen, Einwände und Bedenken seiner Patienten ernst zu nehmen. Dies trifft sicherlich zu, solange es in dem Therapieprozess zu keinen größeren Störungen kommt. Aber in schwierigen Situationen kann es durchaus sein, dass Ihr Therapeut aus unterschiedlichen Gründen nicht gut auf Sie eingeht und dabei verschiedene Verhaltensweisen an den Tag legt.

- **Der Therapeut übergeht Sie unbewusst.**

Ein Therapeut kann Ihre Einwände einfach unbewusst übergehen, denn der Mechanismus der Verdrängung unangenehmer Dinge funktioniert natürlich auch bei einem Therapeuten, schließlich ist er auch nur ein Mensch. Oder er hört Ihnen zu, nimmt das aber nicht richtig ernst, was Sie sagen. Beides kann auch einem guten, erfahrenen und selbstkritischen Therapeuten passieren. In diesen Fällen bleibt Ihnen nichts anderes übrig, als Ihr Anliegen deutlicher und so nachhaltig zur Sprache zu bringen, dass er es nicht mehr wegschieben kann, z. B. mit den Worten: »Ich fühle mich in meinem Anliegen von Ihnen noch nicht richtig verstanden.«

- **Der Therapeut reagiert abwertend auf Sie.**

Wesentlich schwieriger wird es, wenn Ihr Therapeut Ihre Einwände zwar zur Kenntnis nimmt, sie aber als unsinnig abwertet oder durch seinen Ärger zeigt, dass er diese nicht hören möchte. Wenn Sie solche Reaktionen von ihm schlucken, werden Sie in der Therapie nicht weiterkommen und mit diesem Therapiestil keinen wirklichen Zugewinn Ihres Selbstwertgefühls erzielen. Sie sollten mit diesem Therapeuten den offenen Konflikt suchen, damit er Sie ernst nehmen muss: »Ich finde es nicht gut, wie Sie mich kritisieren.« Oder deutlicher: »Ihre Äußerungen verletzen mich« oder »Ihre Reaktionen machen mich wütend.« Das kann zwei unterschiedliche Folgen haben. Entweder Ihnen wird durch seine Gegenreaktion klar, dass Sie mit diesem Therapeuten nicht weiterkommen werden (Kap. 11). Meistens wird es aber eine fruchtbare Auseinandersetzung geben, die zu größerem Vertrauen zwischen Ihnen beiden, zu mehr Klarheit und damit zu weiteren Therapiefortschritten führt.

- **Der Therapeut behandelt Ihre Kritik als Teil Ihrer Störung.**

Dies ist die für Patienten undurchsichtigste und manchmal sehr belastende Antwort von Therapeuten auf Kritik des Patienten an dem Therapieverlauf. Wenn der Therapeut Ihre Einwände als Ausdruck Ihrer Störung ansieht, verunsichert dies die meisten Patienten sehr, weil der Therapeut einen Maßstab, nämlich sein Wissen über psychische Störungen, ins Spiel bringt, über den Sie nicht verfügen. Das kann berechtigt sein und der Therapeut ist keineswegs überfordert, sondern er hat bei Ihnen ein Problem erkannt, das Sie noch nicht sehen können. Aber es kann eventuell auch ein Trick des Therapeuten sein, mit dem er berechtigte Kritik abwimmelt, weil er damit irgendwie nicht zurechtkommt. Es gibt nur einen Weg herauszufinden, welche der beiden Möglichkeiten zutrifft, nämlich intensiv mit Ihrem Therapeuten dieses Problem zu erörtern, bis Sie ein gemeinsames und für beide annehmbares Verständnis der unterschiedlichen Sichtweisen gefunden haben. Hierfür können auch mehrere Therapiestunden notwendig sein. Sagen Sie dem Therapeuten in einer solchen Situation z.B.: »Ich verstehe nicht genau, wie Sie das meinen, dass meine kritische Bemerkung über die Therapie ein Hinweis auf meine Störung sein soll. Bitte erklären Sie mir das, weil ich es richtig verstehen will.«

Ein in dieser Situation schwacher Therapeut wird dazu neigen, sich diesem Klärungsprozess zu entziehen nach dem meist unausgesprochenen Motto: »Sie kritisieren mich, weil Sie krank sind.« Wenn ein Therapeut bei Meinungsverschiedenheiten keinen Klärungsprozess anstrebt, haben Sie kaum eine Chance, Ihre Bedenken aufzulösen. Dann stellt sich die Frage, ob die Therapie bei diesem Therapeuten noch Sinn macht.

Es gehört zu einer erfolgreichen Therapie, dass alle aufgetretenen Meinungsverschiedenheiten sorgfältig bearbeitet werden. Denn es kommt nicht darauf an, dass Sie dem Therapeuten etwas glauben, sondern dass Sie letztlich zu eigenen Erkenntnissen und Überzeugungen kommen. Der Therapeut will Ihnen ein Vorbild sein oder, wie die Psychologen sagen, ein Modell, an dem Sie lernen können, mit unterschiedlichen Meinungen oder Konfliktsituationen umzugehen und dabei offen für andere Sichtweisen zu bleiben. Denn Sie sollen sich nicht unterwerfen, sondern wieder Selbstbewusstsein entwickeln. Wenn eines Tages die Therapie zu Ende ist, werden Sie auch keinen Therapeuten mehr haben, nach dessen Urteil Sie sich richten können. Es ist also ein unverzichtbarer Bestandteil von Psychotherapie, mit gegenseitigem Respekt die Unterschiede zu besprechen und aufzuklären, damit

Sie lernen, Ihren eigenen Gefühlen und Urteilen zu trauen und gleichzeitig mit Kritik anderer konstruktiv umzugehen.

In einer erfolgreichen Therapie wächst über das Vertrauen zu Ihrem Therapeuten Ihr Selbstvertrauen auch durch gut bewältigte Krisen, Konflikte und Verunsicherungen so weit, dass Sie den Therapeuten nicht mehr brauchen.

5 Das Therapiekonzept

Sie erkennen eine gute Therapie daran, dass sie erstens Ihrem Problem gerecht wird, und dass Sie zweitens merken, dass es Ihnen besser geht.

5.1 Das Konzept ist für Ihr Problem geeignet

Die Probleme oder psychischen Beschwerden, die der Grund für Ihre Entscheidung zur Psychotherapie sind, müssen in der Therapie auch wirklich behandelt werden.

Wer eine Psychotherapie beginnt, hat in der Regel ein Problem, das er lösen will. Jeder Mensch hat eine Reihe von größeren oder kleineren Problemen, sei es mit der äußeren Welt, sei es mit sich selbst. Das ist völlig normal und besagt einfach nur, dass das Leben uns laufend neue Aufgaben stellt, die wir bewältigen müssen, um unser Wohlbefinden zu erhalten oder wiederherzustellen, die aber nicht immer sofort und ohne weiteres zu lösen sind.

Die Aufgaben können von außen kommen als neue berufliche Anforderungen, neue partnerschaftliche oder familiäre Schwierigkeiten usw. Sie können aber auch von innen kommen, aus der persönlichen Entwicklung eines Menschen heraus etwa durch eine körperliche Erkrankung, durch das Älterwerden, durch die Pubertät usw. Wir müssen nicht und können auch gar nicht alle Probleme in unserem Leben sofort lösen. Viele Lösungen erfordern erst eine gewisse Reife des Problems, oft lösen sich Probleme wie von allein auf, so dass man sie nur auszusitzen braucht, und manches Problem hat man bis zu seinem Lebensende nicht gelöst. Wir wissen, dass die Probleme unseres Lebens unterschiedlich erträglich sind. Allerdings sind die Menschen nicht in gleicher Weise bereit, Probleme zu ertragen. Offenbar sind z. B. heutzutage immer weniger Menschen bereit, in einer unbefriedigenden Ehe zu verharren, als es noch vor 20 oder 50 Jahren üblich war.

Ungelöste Probleme können sich als unerträgliche Ängste und Depressionen zeigen. Es kann sein, dass Sie einfach Ihr Übergewicht leid sind und ahnen, dass es mit der Psyche zusammenhängt. Die partnerschaftliche Beziehung mag bedroht, der Arbeitsplatz gefährdet sein. Solche Umstände können für Sie so bedrückend sein, dass Sie eine Therapie beginnen in der Hoffnung, dadurch Hilfe zu bekommen.

Es gibt unendlich viele innere und äußere Gründe, warum Menschen eine Psychotherapie beginnen. Allen Patienten ist aber gemeinsam, dass sie in irgendeiner Hinsicht nicht mehr weiterleben wollen wie bisher.

Selbst der Patient, der eine Therapie beginnt, nur um in einem Strafverfahren z. B. wegen Kleptomanie dem Richter zu beweisen, dass er sich um Besserung bemüht, in Wirklichkeit aber gar nicht ernsthaft daran denkt, sich zu verändern, hat ein Problem, das ihn in die Therapie treibt, nämlich die Angst vor dem Gefängnis oder einer hohen Geldstrafe. Es kann hier aber nicht auf die Sonderfälle eingegangen werden, wie eine Therapie bei einem Menschen aussieht, der sich gar nicht ändern will und nur auf äußeren Druck hin in eine Therapie kommt. Vermutlich leiden Sie wie die meisten Patienten an irgendeinem Problem in einem solchen Ausmaß, dass Sie tatsächlich etwas in Ihrem Leben verändern wollen und deshalb auch so ehrlich sind, wie es Ihnen möglich ist (Kap. 2.2).

Die Mehrheit der Patienten kann ihre Probleme benennen, aber es gibt auch viele, die ihre Probleme nicht oder nur oberflächlich beschreiben können oder die einfach nur unter bestimmten Symptomen leiden und keine Ahnung haben, welche Probleme damit verbunden sind. Aber egal, wie bewusst oder unbewusst Ihnen Ihre Probleme sind, Sie fühlen sich damit nicht wohl und zwar in einem Ausmaß, das Sie zum Handeln zwingt und Sie zum Psychotherapeuten führt.

Auch wenn Sie meinen, Sie wüssten die Lösungen, so haben Sie vermutlich nur theoretische Lösungsansätze, aber noch keine praktischen, sonst bräuchten Sie nämlich keinen Therapeuten. Es sind jedenfalls keine Bagatellen, sondern schwerwiegende Probleme, die Sie belasten. Sie treten manchmal mehr in den Vordergrund und spielen vielleicht in einer anderen Situation kaum eine Rolle. Das damit verbundene Leid kann bei einem Patienten sehr schlimm und bei einem anderen weniger spürbar sein. Dabei gibt es aber keinen objektiven Maßstab für die Schwere von Leid.

Eine Therapie wird Sie nur dann weiterbringen, wenn nicht nur Ihr Problem irgendwie besprochen wird, sondern wenn Ihr Therapeut auch das Ausmaß und die Schwere Ihres Problems entsprechend berücksichtigt.

Eine Therapie, in der nur locker geplaudert wird, wird Sie auf Dauer nicht weiterbringen, mag das Gespräch auch noch so amüsant sein. Das schließt nicht aus, dass in der Therapie auch einmal locker geplaudert wird, im Gegenteil, es ist sehr wohltuend und hilfreich, wenn Patient und Therapeut auch zusammen lachen können oder sich »Dönekes erzählen«, wie man in Westfalen sagt. Aber entscheidend bleibt, ob im Verlauf der Therapie Ihre Themen so zur Sprache kommen, dass sie der Schwere Ihres Problems gerecht werden. Dies ist eine Grundbedingung für eine erfolgreiche Therapie. Solange Sie das Gefühl haben, dass Ihr Therapeut die ganze Schwere und das Ausmaß Ihres Problems nicht erfasst hat, wird er Ihnen auch nicht wirklich weiterhelfen können.

Machen Sie Ihrem Therapeuten deutlich, als wie wichtig und tiefgreifend Sie Ihr Problem empfinden, damit er Ihrem Anliegen gerecht werden kann.

5.2 Sinnvolle therapeutische Maßnahmen

Die geeignete therapeutische Maßnahme hilft Ihnen bei Ihrem Problem konkret spürbar weiter.

Ihr Therapeut hat viele Möglichkeiten, Ihnen zu helfen, oder in der Therapeutensprache »therapeutisch zu intervenieren«. Er kann Ihnen Zusammenhänge hilfreich erklären. Er kann Sie auch provozieren, damit Sie endlich die Dinge zur Sprache bringen, über die Sie sich bewusst oder unbewusst noch nicht zu reden trauen, die aber unbedingt in der Therapie angesprochen werden müssen. Vielleicht hört er einfach nur intensiv zu und stellt nur manchmal Fragen, so dass er Ihnen eher indirekt hilft, Ihr Problem selbst zu lösen oder einfach mehr Zuversicht zu sich selbst zu entwickeln. Oder er macht Übungen mit Ihnen, Rollenspiele, Körperwahrnehmungsübungen, Hypnose oder NLP-Übungen, bespricht mit Ihnen Ihre Träume oder gibt Ihnen Hausaufgaben bis zur nächsten Therapiesitzung auf. Aber alles, was hier aufgezählt wurde und alle anderen therapeutischen Interventionen, die noch denkbar sind, bieten für sich genommen noch keinerlei Garantie für eine erfolgreiche Therapie. Denn erst, wenn diese Maßnahmen auch wirklich geeignet sind für Ihr Problem, werden Sie positiv wirksam, in kleineren oder in größeren Schritten.

Eine psychotherapeutische Intervention zum falschen Zeitpunkt, zum falschen Thema oder in die falsche Richtung kann im günstigen Fall unwirksam sein, im ungünstigen Fall Ihr Problem noch vergrößern. Sie brauchen aber keine Angst vor einzelnen ungeeigneten Vorschlägen Ihres Therapeuten zu haben. Denn Fehler in der Therapie sind nicht schlimm, sondern bieten die Chance für neue Erkenntnisse sowohl für Sie als auch für uns Therapeuten. Ich habe schon einige Male sogar über längere Zeit nicht erkannt, dass meine Therapiemaßnahmen untauglich waren. Aber wenn wir, der Patient und ich, die Chance hatten, das Konzept zu korrigieren, ergaben sich daraus in der Regel immer besonders gute Fortschritte.

Sie selbst können die Intervention des Therapeuten **vorher** oft nicht richtig einschätzen. Trotzdem sollten Sie auch immer Ihre Meinung zu der Intervention oder den Therapievorschlägen Ihres Therapeuten äußern. Das hilft ihm nämlich bei der Planung seiner Maßnahmen und Sie machen sich bei Fehlschlägen anschließend keine Vorwürfe, dass Sie Ihre Zweifel nicht geäußert haben. Entscheidend ist aber, wie es Ihnen **nach** einer Intervention, nach der Therapiesitzung oder nach einigen Wochen bzw. Monaten geht. Daran werden Sie nicht nur merken, ob der Therapeut Ihr Problem erfasst hat, sondern auch, ob er Ihnen dabei helfen kann.

Eine einzelne falsche Therapiemaßnahme kann manchmal zur Klärung eines Problems sogar hilfreich sein, wenn sie erkannt und korrigiert wird. Aber wenn Ihre Probleme im Verlauf der Therapie immer größer werden, können Sie sich auf einem problematischen Irrweg befinden. Gute therapeutische Maßnahmen erkennen Sie meistens daran, dass Ihr Wohlbefinden in einem überschaubaren Zeitraum zunimmt.

5.3 Das Unabänderliche und das Veränderbare

»Gib mir den Mut, das zu ändern, was zu ändern ist, die Gelassenheit, das zu akzeptieren, was ich nicht ändern kann, und die Weisheit, das eine vom anderen zu unterscheiden.«

Alle Menschen tragen mehr oder weniger die Angst vor dem Unbekannten, der ungewissen Zukunft in sich. Um diese Angst loszuwerden oder wenigstens abzubauen, versuchen wir eine Kontrolle über unser gegenwärtiges und zukünftiges Leben zu gewinnen. Man mag darüber streiten, ob dies möglich ist oder nicht. Tatsache bleibt aber, dass wir zumindest einen Teil unseres Lebens nicht steuern können. Das Unabänderliche akzeptieren zu müssen, macht uns Angst, und wir wollen es nicht gern wahrhaben.

Gerade aber unser Widerstand gegen die bestehende Realität ist ein wesentlicher Faktor, der psychische Störungen verursachen kann. Wir können weder unsere Kindheit rückgängig machen, noch können wir das psychologische Erbe ignorieren, das vor allem über familiäre Traditionen weitergegeben wird, und auch nicht das biologische Erbe, das sich in unseren Genen angesammelt hat. Es ist aber von großer Bedeutung für die Bewältigung unserer Probleme, wie wir mit den Erinnerungen an die Kindheit und mit unserem Erbe umgehen. Psychotherapeuten können Ihnen gut helfen, diese Vergangenheiten zu bewältigen.

Wenn Sie einen Therapeuten aufsuchen, wollen Sie von ihm Hilfe zur Bewältigung bestimmter Probleme. Eine gute Analyse oder Erklärung Ihrer Probleme und auch eine Diagnose beinhalten auch Lösungs- oder Bewältigungsperspektiven. Unter bestimmten Voraussetzungen ist es allerdings notwendig, dass Sie erkennen: »An dieser Problemlage kann ich gar nichts ändern.«

Wenn z.B. ein Patient es aufgibt, immer und immer wieder gegen die Angst vor Panikattacken anzukämpfen, und er stattdessen einen Weg findet, sie zu verstehen und sich ihnen zu stellen, verlieren die Ängste ihre Macht über ihn. Es kann auch ein sinnvoller Schritt sein, einen sinnlosen Kampf um den Erhalt einer längst kaputten Beziehung aufzugeben. Wenn ein geliebter Mensch gestorben ist, lernen wir durch die Trauer, Abschied zu nehmen. Wir müssen das Unabänderliche akzeptieren, auch wenn dies manchmal sehr lange dauern kann, um unser weiteres Leben leben zu können.

Das sind nur drei Beispiele von unendlich vielen Unabänderlichkeiten, die uns in unserem Leben begegnen können. Denn jeder Mensch steht nun mal des öfteren vor der Situation, etwas Unangenehmes oder gar etwas Schlimmes nicht ändern zu können. Für Ihre Lebenszufriedenheit ist es aber entscheidend, ob das Akzeptieren der Unveränderbarkeit eines Problems auf Dauer eine Erleichterung oder eine Last ist.

Wenn Ihr Therapeut meint, dass Sie sich mit einem unlösbaren Problem abfinden sollten, wird er Ihnen auch helfen, dass Sie es wirklich akzeptieren können. Manchmal reicht die einfache Erkenntnis aus, dass man sich mit etwas Unabänderlichem abfinden muss. Aber wenn Ihnen das nicht möglich ist, obwohl die unabänderlichen Tatsachen feststehen, müssen die Hindernisse für Ihre Akzeptanz herausgefunden werden, z.B. kann bei einem Todesfall die nicht oder nicht ausreichend geleistete Trauerarbeit ein Annehmen des Verlustes verhindern. Wenn der Therapeut einfach nur darauf besteht, dass Sie den Tod endlich akzeptieren sollten, macht er keine gute Arbeit. Möglicherweise hat er Schwierigkeiten, die fehlende Trauerarbeit oder Ihre Wut auf den Verstorbenen oder auf andere Hinterbliebene oder das, was Ihnen zur Bewältigung des Verlustes im Wege steht, zu verstehen oder sich darauf einzulassen.

Bei dem anderen Beispiel ist meist viel therapeutische Arbeit notwendig, damit ein Patient sich seinen Panikattacken stellt und sie nicht mehr »weghaben« will.

Es gibt aber auch Probleme, bei denen Sie anderer Meinung sind als Ihr Therapeut, und Sie wollen deshalb die von ihm vermutete Unlösbarkeit nicht akzeptieren. Erst in der sorgfältigen gemeinsamen Untersuchung des Problems in der Therapie wird die weise Erkenntnis geboren, was tatsächlich unabänderlich und was doch noch veränderbar ist. Eine erfolgreiche Behandlung eines »unlösbaren« Problems ist erst dann erfolgt, wenn Sie mit der Erkenntnis der Unlösbarkeit zufriedener leben können als vorher. Die Gelassenheit gegenüber dem Unabänderlichen eröffnet sich oft erst dadurch, dass wir bestimmte unabänderliche Situationen tatsächlich auch zur Kenntnis nehmen. Es gibt sehr viele Probleme, die uns gerade deshalb quälen, weil wir unrealistische Ansprüche zu ihrer Bewältigung haben. Wir fühlen uns erst besser, wenn wir innerlich nicht mehr um eine Veränderung kämpfen.

Große Probleme setzen sich meist aus veränderbaren und unabänderlichen Bestandteilen zusammen. Der Therapeut berücksichtigt, dass es seinem Patienten durch seine Maßnahmen auf Dauer nicht schlechter gehen soll als vorher. Genau dies kann aber passieren, wenn er Ihnen sagen würde, dass Ihr Problem unlösbar sei und nicht ausreichend darauf achtet, wie Sie diese Aussage verarbeiten.

Wenn Ihr Therapeut eine Aussage gemacht hat, die Sie dauerhaft erheblich belastet, ist es auch seine Aufgabe, Ihnen zu helfen, diese Belastung zu bewältigen. Wenn ihm dies nicht möglich ist, sollte er zur Sprache bringen, dass hier etwas in der Therapie nicht gut gelaufen ist, und mit Ihnen überlegen, wie diese in der Therapie entstandene Belastung wieder aufgelöst oder gemildert werden kann. Ihr Therapeut wird Sie also möglichst nicht mit vermeintlichen oder tatsächlichen Wahrheiten konfrontieren, ohne sich gleichzeitig um Ihre Bewältigungsmöglichkeiten zu kümmern.

Es ist im medizinischen Bereich, wenn der Arzt eine schwerwiegende Erkrankung, z. B. Krebs, feststellt, recht verantwortungslos, wenn er eine solche Diagnose mitteilt, ohne darauf zu achten, wie Sie damit fertig werden. Dabei kann der Arzt sich vielleicht noch hinter seiner Informationspflicht zu der objektiv festgestellten Erkrankung und seiner fehlenden Zeit für ein ausführliches Gespräch verstecken. Viele Ärzte leiden selbst darunter, dass sie zu wenig Zeit für ihre Patienten haben. In der Psychotherapie zieht das Argument des Zeitmangels nicht. Es ist in der Regel genügend Zeit zum Gespräch vorhanden.

Die Annahme der Unlösbarkeit von psychischen Problemen baut in der Regel auf einer höchst subjektiven Beurteilung auf. Ein Therapeut kann praktisch gar nicht mit Gewissheit sagen, dass ein psychisches Problem unlösbar ist, dass Sie also auf Dauer daran leiden müssen. Manchmal muss man feststellen, dass im Moment keine Lösung in Sicht ist. Dann ist es auch richtig, dass der Therapeut dem Patienten gegenüber eingesteht, dass es auch seine Grenzen sind, an die er in der Therapie gerät.

Eine Psychotherapie hilft, das Unabänderliche und das Veränderbare zu unterscheiden und unterstützt den Patienten darin, beides gut zu bewältigen.

5.4 Die Bedeutung der Gefühle

Der gute Umgang mit allen Gefühlen, auch mit den schweren, ist in einer erfolgreichen Therapie notwendig.

Eine gute Therapie ermöglicht Ihnen, Ihr unbewusstes Denken und Ihr Gefühlsleben klarer kennen zu lernen und sinnvoll damit umzugehen. Ein zentraler Zugang zum Unbewussten, das Ihr Leben im Positiven wie im Negativen entscheidend bestimmen kann, erfolgt über das richtige Verständnis Ihrer Gefühle. Es gibt viele verschiedene psychotherapeutische Theorien über Gefühle. Da in jeder Therapieform Gefühle einen zentralen Stellenwert einnehmen, werden im Folgenden einige wichtige Aspekte angesprochen.

Es verändert sich noch nicht viel, wenn wir einfach nur über unsere Gefühle reden. Wenn Sie jedoch bewusst Ihre Gefühle wahrnehmen, sie beobachten, in welchen Zusammenhängen sie sich entwickeln, dann können Sie sehr Bedeutsames über sich selbst erfahren, im Positiven wie im Negativen. Über Gefühle zu reden ist soviel wert, wie eine Speisekarte zu lesen, erst Gefühle zu **haben**, sie zu spüren und sich damit auseinander zu setzen, bedeutet auch wirkliches Essen der Mahlzeit. Veränderungen bei Patienten sind in den Therapien dann zu beobachten, wenn sie von intensiven Gefühlen berührt wurden.

Die Entwicklung größeren Selbstvertrauens und der Aufbau eines guten Selbstwertgefühls sind zentrale Bestandteile einer erfolgreichen Psychotherapie. Und dazu gehört, dass wir unserem eigenen Urteil trauen können. Nun wissen wir alle, dass niemand unfehlbar ist, dass wir uns in unseren Urteilen irren können und auch immer wieder irren werden. Aber wie kann Selbstvertrauen entstehen, wenn wir unserem Urteil nicht vertrauen können? Das Selbstvertrauen hat nicht nur mit dem vernünftigen Denken und Urteilen zu tun, sondern es wird maßgeblich geprägt von dem, was wir in uns spüren. Die Entscheidungen, bei denen wir uns unsicher fühlen, werden begleitet von zwiespältigen und wechselhaften Gefühlen, durch die wir unsere Verunsicherung und Belastung erst merken. Durch die Gefühle spüren wir, was eine Entscheidung oder Beurteilung für uns bedeuten kann, auch welche Konsequenzen sie für uns möglicherweise hat.

Unsere Gefühle sind gewissermaßen die persönlichen Farben in unserem Leben, die uns die Signale geben, was ein anderer Mensch, eine bestimmte Situation oder eine eigene Entscheidung für uns bedeuten. Die Gefühle beinhalten eine ganz persönliche Bewertung und sind kein objektives Urteil. Aber die Gefühle sind trotz ihrer Subjektivität – nein: gerade wegen ihrer ganz persönlichen Bedeutung ein entscheidender Bestandteil bei der Bewältigung unserer Probleme. Sie geben uns Hinweise, was wir in einer Situation beachten sollen, sie lösen aber noch nicht automatisch alle Probleme und kritischen Situationen auf. Manche Leute glauben das irrtümlicherweise und vertreten die Auffassung, man müsse nur alle Gefühle »rauslassen«, um seine Probleme zu lösen. Man muss sie beachten, aber sollte ihnen nicht blind folgen. Denn die Gefühle stützen sich nur auf die vergangenen Erfahrungen und können nicht in die Zukunft sehen. So befürchten wir z.B. bei großer Angst, dass sich etwas Schlimmes aus der Vergangenheit wiederholen wird, aber wie schlimm es wirklich wird, wissen wir natürlich nicht. Wir können die Gefühle als eine Art Signale ansehen, die uns vor dem Wiederauftreten schon einmal persönlich erlebter oder anderweitig überlieferter schlimmer Erfahrungen warnen oder die auch Hinweise geben auf schöne Erinnerungen, die wir gern wieder erleben möchten.

Selbstvertrauen bedeutet, mit den eigenen Gefühlen vertraut zu sein und gut darauf zu reagieren.

5.4.1 Der Sinn »negativer« Gefühle

Unsere negativen Gefühle zeigen uns eine notwendige Veränderung an und geben uns außerdem indirekte Hinweise, was wir tun können, damit wir uns wieder wohlfühlen.

Unser Lebensweg ist nicht berechenbar, auch wenn wir es uns oft am liebsten so wünschen. Denn wir wissen nicht, was morgen kommt. Wir glauben zwar an unsere Pläne, aber das Leben hält sich nicht sonderlich daran. Und wenn es uns nicht gut geht, merken wir es an den dann spürbar negativen Gefühlen, die wir gern wieder loswerden wollen. Indem wir uns bewusst damit auseinandersetzen, erhalten wir auch Hinweise darauf, was wir verändern sollten.

So kündigt die **Angst** an: »Pass bloß auf, hier droht dir etwas Schlimmes, das du schon einmal erlebt hast oder wovon du gehört hast!«

Und die **Trauer** mahnt: »Du hast etwas verloren oder verlierst bald etwas, vielleicht sogar einen Menschen, der dir wichtig ist. Du musst Abschied nehmen, sonst wirst du dich nicht richtig auf deinen neuen Lebensabschnitt nach dem Verlust einlassen und immer nur traurig sein.«

Die **Wut** bewirkt in dir, dass du aggressive Energien ansammelst, um dich gegen eine vermeintliche oder tatsächliche Ungerechtigkeit, Missachtung oder Bedrohung zu wehren.

Die **Enttäuschung** macht dich aufmerksam: »Du hast dich von einem Menschen oder einer Hoffnung täuschen lassen. Mache dir das klar und lebe entsprechend dieser neuen Erkenntnis auf der Grundlage der Tatsachen, die dir in der Enttäuschung schmerzlich bewusst wurden.«

Der **Ärger** nervt dich: »Du bist unzufrieden mit dir oder einem anderen Menschen oder einem Ereignis. Bring das ins Reine, sonst bekommst du längere Zeit keine innere Ruhe.«

Und die **Ratlosigkeit** führt dir stumm vor Augen: »Du bist bei einem bestimmten Problem mit deinem Latein am Ende und hast keinen Rat mehr für dich selbst oder für einen anderen Menschen. Alle deine bisherigen Sichtweisen und Lösungswege helfen nicht mehr weiter. Erst wenn du diese Tatsache akzeptierst, hast du die Chance, völlig neue Wege zu entdecken, die bisher außerhalb Deines Blickwinkels gelegen haben.«

Vielleicht entdeckst du zusammen mit der Ratlosigkeit deine **Hilflosigkeit.** Wenn du dir eingestehst, dass du ohne Hilfe bist, kannst du vielleicht dadurch endlich die Hilfe anderer Menschen suchen. Denn durch den Austausch mit anderen Menschen, nicht nur, aber auch mit Therapeuten, können wir unsere Problemlösefähigkeiten vervielfachen.

Die **Verzweiflung** schließlich erzwingt eine grundlegend neue Lebensorientierung. An allem, was dir bisher wirklich wichtig war, sind schwere Zweifel aufgebrochen. Damit musst du dich auseinander setzen, um eine neue Lebensorientierung zu finden, die dir auch wieder Wohlbefinden ermöglicht.

Die **Eifersucht** macht dich auf deine riesige Angst vor dem Verlust deines Partners aufmerksam und mobilisiert alle Energien, um diesen Verlust um jeden Preis zu verhindern. Gleichzeitig weiß die Eifersucht: »Es gibt keine Garantien für das Verhalten anderer Personen, die du unbedingt unter Kontrolle haben willst. Ich quäle dich solange, bis du einsiehst und akzeptierst, dass man andere Menschen nicht wirklich auf Dauer kontrollieren kann.«

Die **Scham** teilt dir mit: »Du bist gegenüber anderen Menschen sehr herabgesetzt und beschämt worden, vermutlich als Kind, so dass du dir in Situationen, die dich daran erinnern, gegenüber anderen nichts mehr zutraust und Angst hast, dich erneut zu blamieren. Du musst diese Situationen und deine Reaktionen durchschauen und neu bewerten, wenn du dein Selbstwertgefühl wiederfinden willst.«

Der **Hass** drückt aus, dass du dich so sehr bedroht fühlst, meistens von einem anderen Menschen oder einer Gruppe von Menschen, dass du ihn oder die Bedrohung vernichten möchtest, um dein eigenes Überleben sicherzustellen.

Gerade am letzten Beispiel des Hasses, z.B. des Fremdenhasses, wird deutlich, dass die Gefühle, die wir empfinden, keineswegs eine Reaktion auf die objektive Situation sind, sondern sie sind ganz persönliches Erleben, das bestimmt ist von Erfahrungen, die wir früher selbst gemacht haben oder von denen wir gehört haben. So hat die Angst mehr mit unseren früheren negativen Erlebnissen zu tun als mit realen Bedrohungen. Wir erinnern uns an diese negativen Erlebnisse und suchen in unseren Gedanken einen Weg, damit diese nicht wieder auftreten. Und mit dieser negativen Erinnerung entsteht häufig erst unser Gefühl von Angst. Auf die praktischen Problemlösungen für unangenehme Gefühle kann dieses Therapiebegleitbuch nur wenig eingehen. Es hat ja auch nicht das Ziel, eine Psychotherapie zu ersetzen.

5.4.2 Die »guten« Gefühle

Wenn wir Gefühle haben, die sich angenehm anfühlen (z.B. das Glück, die Zufriedenheit, das Wohlbefinden, die Verbundenheit, die Gelassenheit, die Liebe), müssen wir uns nur unter besonderen Umständen kritisch damit auseinander setzen. Patienten benötigen wegen guter Gefühle auch weit seltener therapeutische Hilfe. Denn sie zeigen meistens, dass die Situation, in der wir uns mit anderen Menschen und mit uns selbst befinden, stimmig und nicht veränderungsbedürftig ist. Es gibt allerdings auch Probleme damit. So können sich Menschen in einem Moment wohl fühlen, der aber langfristig negative Folgen hat, nach dem Motto »Das Vergnügen ist kurz, die Reue lang.« Dies kann z. B. bei »guten« Gefühlen unter Alkohol oder Drogen der Fall sein oder beim Betrügen eines Menschen. Gute Gefühle können auch Angst machen, nämlich dann, wenn wir sie festhalten wollen. Wir alle wissen, dass dies nicht möglich ist – und haben trotzdem oft so viel Angst, dass die guten Gefühle verloren gehen. Ein weiteres Problem mit guten Gefühlen kann darin bestehen, dass manche Menschen meinen, dass sie kein Recht darauf haben. So empfinden vor allem Menschen, die in der Kindheit erfahren haben, dass gute Gefühle negative Konsequenzen hatten, z. B. von den Eltern bestraft wurden, was ihnen vielleicht gar nicht mehr bewusst ist.

Also »gute« Gefühle sind nicht unbedingt nur angenehm, wie auch »schlechte« Gefühle nicht unbedingt nur negativ zu sehen sind. Um darauf aufmerksam zu machen, sind die Begriffe auch in Anführungszeichen gesetzt. Korrekter, aber auch umständlicher wäre es, von den Gefühlen, die sich gut oder schlecht anfühlen, zu sprechen.

Es ist wünschenswert, wenn wir möglichst unser ganzes positives und negatives Gefühlserleben wahrnehmen und nicht nur die Gefühle, die sich gerade in den Vordergrund drängen.

5.4.3 Gefühle als Wegweiser in der Therapie

Meine kurze Charakterisierung der einzelnen negativen Gefühle umfasst nur einen von vielen Aspekten eines jeden dieser Gefühle. Unser Gefühlsleben ist auch dadurch wesentlich komplexer, dass die einzelnen Gefühle sich vermischen können. So können wir z.B. Angst und Wut zugleich haben. Aber auch viele andere Mischungen von zwei und mehr Gefühlen finden statt, es kommt nicht so oft vor, dass sich ein einziges Gefühl in aller Klarheit zeigt.

● Gefühle als »Kontaktorgane der Seele«

Man kann die Gefühle als **»Kontaktorgane der Seele«** sehen, mit deren Hilfe wir unsere Beziehungen zur Außenwelt, zu anderen Menschen, aber auch uns selber gegenüber regeln. Und so, wie durch den Händedruck zweier Menschen Signale zwischen ihnen ausgetauscht werden, entsteht über die Gefühle ein seelischer Austausch zwischen Menschen, natürlich auch zwischen Patient und Therapeut.

Sehr häufig kommt es sogar zu einer **»Gefühlsübertragung«**. Unsere guten Gefühle können bekanntermaßen auf einen anderen Menschen ansteckend wirken. Die Gefühlsübertragung ist aber nicht nur positiv. Wenn wir uns nicht wohl fühlen, suchen wir, meist ohne es zu merken, gern einen anderen Menschen, an den wir unsere negativen Gefühle abgeben können. Wir haben alle schon erlebt, dass jemand uns die Ohren voll jammert über seine Probleme, bis es uns selbst schlecht geht, und dann macht der Betreffende sich in offenkundig besserer Stimmung auf und davon, und wir sitzen nun da mit seinen schlechten Gefühlen. Wir sind dann meist ziemlich verwirrt, weil wir nicht wissen, wie wir diese schlechten Gefühle loswerden können. Das liegt daran, dass es eigentlich nicht unsere eigenen Gefühle sind, sie sind ursprünglich kein Wegweiser unseres eigenen Lebens. Die beste Möglichkeit ist, diese negativen Gefühle dem inzwischen Verschwundenen hinterherzuschicken und zukünftig mehr darauf zu achten, sich nicht die negativen Gefühle von anderen aufbürden zu lassen. Das ist natürlich leichter gesagt als getan, aber wenn es uns bewusst wird, haben wir es auch schon halb bewältigt.

Ein Gefühl kann auch Teil einer **»Gefühlsüberlagerung«** sein, eine Art überdeckendes »Ersatzgefühl« für ein anderes Gefühl, das wir nicht zulassen können. Ein Mensch, der bei einem früheren Trauerfall erfahren musste, dass er nicht trauern darf, wird bei dem Tod einer geliebten Person vielleicht wütend auf den Toten, ohne dass es dafür einen fassbaren Grund gibt. Es kommt dann offenbar die Wut, dass er früher nicht trauern durfte, bei der erneuten Berührung mit der Trauer hoch und überdeckt diese. Die umgekehrte Gefühlsüberlagerung kommt sogar noch häufiger vor, dass ein Kind nie wütend sein durfte und bei den entsprechenden Gelegenheiten nur traurig werden konnte und dann als Erwachsener immer, wenn er einen Grund zur Wut hat, stattdessen traurig wird. Dieser Mechanismus kann Depressionen erzeugen.

Die Probleme der Gefühlsübertragung und der Gefühlsüberlagerung können hier nicht weiter vertieft werden. Wenn es von Bedeutung für Sie ist, können Sie es vielleicht mit Ihrem Therapeuten besprechen.

- **Gefühle verändern sich in der Therapie.**

Aber wie können Sie nun feststellen, ob in Ihrer Therapie nicht nur über Ihre Gefühle geredet, sondern tatsächlich auch gut mit ihnen umgegangen wird?

Gefühle als Wegweiser des Lebens verändern sich laufend, so wie auch die Wegweiser sich verändern, wenn wir eine gewisse Strecke zurückgelegt haben. Sie spüren in der Therapie an der Veränderung Ihrer Gefühle, wenn sich in Ihrem Leben etwas wandelt. Dies bedeutet nicht unbedingt, dass Sie irgendwann in der Lage sind, bestimmte negative Gefühle dauerhaft zu beseitigen. Solange wir Probleme in unserem Leben haben, werden wir auch negative Gefühle haben. Aber wenn sich gefühlsmäßig an einem bestimmten Problem nichts verändert, und vor allem, wenn es das Problem ist, das Sie in die Therapie geführt hat, dann drehen Sie sich im Kreis. Sie müssen Ihren Therapeuten auf eine solche Situation hinweisen, damit Sie mit ihm einen Ausweg finden können. Auch wenn der Therapeut meint, dass Sie doch schon gute Fortschritte gemacht haben, so ist letztlich Ihr eigenes Urteil und die Wahrnehmung der eigenen Gefühle entscheidend. Denn kein Mensch, auch kein Therapeut, kann Ihnen die Aufgabe abnehmen herauszufinden, auf welchem Wege Sie sich gut fühlen werden.

Gefühle verstehen lernen

Es gibt aber noch einen zweiten Aspekt, an dem Sie erkennen können, ob Ihr Therapeut Ihnen gut hilft, mit Ihren Gefühlen zurechtzukommen. Sie haben gute Therapiefortschritte erzielt, wenn Sie in der Therapie über Ihre Wahrnehmung und den Umgang mit bestimmten, für Sie schwierigen Gefühlen etwas Neues lernen, wenn die für Sie problematischen Gefühle leichter zugänglich werden, wenn Sie rascher und deutlicher aus Ihren Gefühlen Schlüsse ziehen können oder Ihre Gefühlslage insgesamt positiver wird, wenn Sie die Mechanismen der Gefühlsübertragung durchschauen und sich gegenüber negativen Gefühlen anderer zu schützen lernen. Denn mit all diesen Erkenntnissen erhöht sich auch Ihre Fähigkeit, letztlich die Probleme zu lösen, die Sie in die Therapie geführt haben.

● Ihre Kooperation mit dem Therapeuten zum Verständnis Ihrer Gefühle

Jeder Therapeut kennt sich mit bestimmten Gefühlen besser aus als mit anderen. Und da Gefühle sich auch mischen können, sind sehr viele verschiedene Gefühlslagen denkbar, ungefähr genauso viele, wie unterschiedliche Lebenssituationen möglich sind, also unendlich viele. Ihr Therapeut kann also weder für alle Lebensprobleme noch für alle Gefühlslagen die Lösung in der Tasche haben. Er wird sicherlich manche Idee haben, die für Sie hilfreich und neu ist. Aber Ihr Problem, das Sie in die Therapie geführt hat, müssen Sie letztlich selbst lösen.

Wie schon mehrmals erwähnt, kommt es nun darauf an, dass Sie beide so kooperieren, dass der für Sie nützliche und gute Weg gefunden wird. Dabei werden alle Ihre Gefühle gebraucht, besonders auch die schweren, mit denen Sie nur schwer umgehen können. Schließlich haben Sie die Therapie ja nicht wegen einer Bagatelle aufgesucht. Sie können und sollten von Ihrem Therapeuten erwarten, dass alle, aber auch wirklich alle Ihre Gefühle in der Therapie zur Sprache kommen können und in den Therapieprozess einbezogen werden. Genauso wichtig ist aber auch, dass Sie an sich selbst den Anspruch stellen, alle Gefühle zur Sprache zu bringen, nicht nur die, mit denen Sie gut zurechtkommen. Und dazu benötigen Sie manchmal eine längere Zeit und auch eine entsprechende Zuversicht und vor allem natürlich auch Vertrauen zu Ihrem Therapeuten.

Ihr Therapeut muss bei Gefühlsproblemen nicht sofort die Patentlösung parat haben, manche Gefühlsprozesse sind wirklich sehr schwierig und auch der Therapeut braucht seine Zeit. Vielleicht muss der Therapeut bei bestimmten Problemen seiner Patienten erst einmal für sich eine Gefühlsklärung leisten, weil sein Patient Gefühlskomplexe berührt hat, die für ihn selbst schwierig oder unbekannt sind. All das kann in der Therapie passieren und muss kein Mangel des Therapeuten sein. Ich bin meinen Patienten außerordentlich dankbar dafür, dass ich in der Therapie so viel mit ihnen zusammen auch über mich lernen konnte. Aber wenn Ihr Therapeut bestimmten Gefühlen von Ihnen, obwohl Sie diese schon eindeutig angesprochen haben, aus dem Weg geht oder sie gar unterdrückt oder abwertet, dann werden Sie für das Problem, auf das diese Gefühle Sie aufmerksam machen, bei diesem Therapeuten keine Hilfe erhalten.

Eine gute Therapie verhilft Ihnen zum besseren Verständnis und zur Verarbeitung Ihrer Gefühle, auch und gerade der besonders belastenden Gefühle.

5.4.4 Es geht Ihnen in der Therapie schlechter

Wenn ein Therapeut sagt, es sei schon gut, wenn es Ihnen schlecht geht, glauben Sie ihm nicht.

Es gibt Therapeuten, die meinen und sagen dies auch, dass sie eine besonders gute Therapie durchführen, wenn es dem Patienten besonders schlecht geht, weil sie dann an ein entscheidendes Problem des Patienten herangekommen seien. Seelische Tiefs und Krisen sind im Therapieverlauf meist unvermeidlich und oftmals sogar hilfreich und notwendig, um wichtige Therapiefortschritte zu erzielen. Aber wenn der Therapeut Sie nur dazu bringt, dass Sie z.B. anfangen zu weinen oder wütend zu werden, dann ist das noch keine erfolgreiche Therapie. Von Therapieerfolg kann erst dann gesprochen werden, wenn sich Ihr Zustand zum Positiven verändert hat.

Vielleicht werden Sie von sich aus einen Therapeuten ablehnen, der allein die Tatsache, dass es Ihnen schlecht geht, schon gut findet. Aber manche Patienten glauben solche Theorien, weil sie von sich selbst ein negatives Bild haben und vielleicht meinen, ihnen würde es sowieso niemals richtig gut gehen oder sie hätten es auch nicht verdient oder sie haben andere selbstzerstörerische Auffassungen. Diese bewussten oder unbewussten Einstellungen müssen in der Therapie bearbeitet werden. Wenn Sie so negativ über sich selbst denken, sollten Sie in der Therapie unbedingt lernen, sich selbst anzunehmen und sich gut zu fühlen.

Manche Therapeuten behaupten, Ihr Leiden habe einen Sinn. Diese Aussage bekommt aber nur dann einen hilfreichen Wert, wenn der konkrete Sinn des Leids auch wirklich entdeckt ist und der Weg aus dem Leiden heraus tatsächlich gefunden ist. Einem leidenden Menschen zu sagen, sein Leiden habe einen Sinn, ohne ihm helfen zu können, wird leicht zum Zynismus.

Ein Therapeut, der eine negative Selbstsicht von Ihnen unterstützt, indem er meint, dass Ihr Leiden in der Therapie gut sei, ohne Ihnen den Weg zum Wohlbefinden aufzuzeigen, erbringt eine therapeutische Fehlleistung. Denn nicht die Tatsache, dass es Ihnen schlecht geht, ist gut, sondern es wird für Sie erst dann gut, wenn diese starken negativen Gefühle, die hochgekommen sind, bewältigt werden. Es ist kein Therapiefortschritt, wenn Sie in der Therapie leiden, ohne dass Ihnen ein gangbarer und Vertrauen erweckender Ausweg aus der Krise gezeigt wird.

Wenn Sie die Vermutung haben, dass Sie sich in einer solchen Therapiesituation befinden, dann können Sie Ihren Therapeuten z.B. fragen: »Mit geht es im Moment nicht gut und ich hoffe, dass ich aus dem Tief bald herauskomme. Können Sie mir sagen, wie es mir wieder besser gehen kann?« Vielleicht begründet er seine Antwort mit nur scheinbar »guten« Argumenten. Sie sollten die Argumente eines Therapeuten nicht nur rational prüfen, sondern vor allem in sich hineinhorchen, ob sie innerlich für Sie stimmig und akzeptabel sind. Denn Psychotherapeuten finden immer rational überzeugend klingende Argumente für das, was sie sagen und tun. Denn wir Therapeuten wissen aufgrund unserer Ausbildung und der viele Erfahrungen mit den tieferen seelischen Prozessen anderer Menschen viel mehr über seelische Zusammenhänge als die meisten anderen Menschen.

Aber eines merken Sie als Patient besser als Ihr Therapeut, nämlich, wie es um Ihre Befindlichkeit bestellt ist.

Wenn Sie den Eindruck haben, dass Ihr Therapeut sich mit Ihren direkt angesprochenen Zweifeln an einem guten Therapieverlauf und der Tatsache, dass es Ihnen schlechter geht, wirklich auseinandersetzt, besteht die begründete Hoffnung, dass Sie aus dem Tief wieder herauskommen.

5.4.5 Sie haben sich in Ihren Therapeuten verliebt

Es ist nichts Ungewöhnliches, dass Patienten sich in ihren Psychotherapeuten verlieben.

Das kann Frauen und Männern gegenüber Therapeuten und Therapeutinnen gleichermaßen passieren. Denn für viele Patienten ist es eine ganz besondere Erfahrung, dass eine Person sich wirklich gut um ihre Probleme kümmert und dass sie sich einem anderen Menschen ganz öffnen können. Dieser Person gegenüber können dann auch ganz intensive positive Gefühle entstehen. Über das Verlieben der Patienten haben Therapeuten unterschiedliche Vorstellungen und Theorien. Ich will auf einige Aspekte eingehen, die für Sie von Bedeutung sein können.

Sie sollten sich auf gar keinen Fall Vorwürfe machen,

falls Sie sich in Ihren Therapeuten verliebt haben, weil man das ja nicht so ohne weiteres steuern kann. Solange Sie sich sicher sind, dass Sie nur vorübergehend ein bisschen verliebt sind, brauchen Sie sich keine besonderen Gedanken zu machen. Wenn Ihr Gefühl für Ihren Therapeuten aber mehr ist als eine starke Sympathie, kann die Therapie nicht einfach wie bisher fortgesetzt werden. Das voll ausgeprägte Gefühl »Verliebtsein« ist üblicherweise ein so starkes Gefühl, dass es auf Ihr gesamtes Verhalten und auf das, was Sie in der Therapie denken und sagen, einen massiven Einfluss ausübt. Sie werden mit Ihren Gefühlen gar nicht mehr richtig bei den Problemen sein, die Sie in die Therapie geführt haben. Sondern Sie haben ein neues Problem und fragen sich vermutlich, ob eine Beziehung mit Ihrem Therapeuten eine Chance hat.

Die tatsächliche Umwandlung einer therapeutischen in eine sexuelle Beziehung kann nach dem ersten Liebesrausch schwerwiegende negative Folgen vor allem für den Patienten haben. Deshalb macht sich ein Therapeut, der einen sexuellen Kontakt zu einem Patienten oder einer Patientin während der Therapie eingeht, strafbar (Kap. 11.2.1).

Der entscheidende Grund ist dabei die emotionale Abhängigkeit des Patienten vom Therapeuten (Kap. 3.3). Eine abhängige Person, sei es ein Kind, einen Schüler oder einen Patienten durch Sexualität noch weiter an sich zu binden, ist deshalb strafbar, weil die Entwicklung zur Selbstständigkeit dieses Menschen dadurch behindert wird. In der Regel zerbrechen diese Beziehungen, wenn der Reiz des Neuen verflogen ist, weil es keine wirklich gleichberechtigten Beziehungen sind. Einer so enttäuschten Person geht es danach wesentlich schlechter als vorher. Dieses Grundproblem kann natürlich von Fall zu Fall anders aussehen. Aber weil solche Beziehungen in der Regel zum Schaden der Patienten enden und manchmal sogar zur persönlichen Katastrophe werden können, ist nach sorgfältiger Beratung der Fachleute ein entsprechendes Gesetz verabschiedet worden.

Es gibt unterschiedliche Auffassungen darüber, ob ein Therapeut, der sich ebenfalls verliebt hat, zu einer Patientin nach Ende der Therapie eine Beziehung eingehen darf. Er muss sich außerordentlich sorgfältig mit der Entstehung seiner Gefühle auseinander setzen. Mindestens ein halbes Jahr sollte vergangen sein, damit beide Seiten ihre Gefühle für einander auch ohne die Therapieatmosphäre überprüfen können. Es gibt aber auch die Auffassung, dass erst Jahre vergangen sein müssen, bevor eine gleichberechtigte Beziehung zwischen ehemaligen Patienten und Therapeuten möglich ist. Manche Therapieschulen vertreten die Auffassung, dass überhaupt keine partnerschaftliche Beziehung möglich ist, weil gefühlsmäßig die therapeutische Beziehung immer bestehen bleibt.

Sie haben sich in Ihren Therapeuten ernsthaft verliebt. Was können Sie tun?

Den Zustand der Verliebtheit wollen wir Menschen, vielleicht sogar entgegen aller Einsicht, nicht sofort wieder loswerden, sondern erst einmal wird mit allen zur Verfügung stehenden Mitteln die Erfüllung dieser starken Sehnsucht gesucht. Wenn Ihr Therapeut sich sexuell auf Ihr Verliebtsein einlässt, kommt es später wahrscheinlich zu einem bitteren Erwachen und zur Erkenntnis, sexuell missbraucht worden zu sein. Aber die meisten Therapeuten werden nicht so reagieren und werden Ihre Sehnsüchte nicht unterstützen. Deshalb fangen Sie irgendwann an, so sehr unter Ihren Gefühlen zu leiden, dass Sie einen Ausweg suchen.

Am besten ist es, das Gespräch mit Ihrem Therapeuten zu suchen. Dann wird Ihnen vermutlich bewusst, dass diese Gefühle nicht erwidert werden, was in den meisten Fällen zu einem Nachlassen der Gefühle führt. Außerdem können Sie dann auch mit Ihrem Therapeuten klären, wie es dazu gekommen ist, dass Sie sich aussichtslos verliebt haben. Dabei werden Sie möglicherweise wichtige Erkenntnisse über Ihr partnerschaftsbezogenes Gefühlsleben erfahren und unter Umständen sogar genauer verstehen, warum Sie in diesem Gefühlsbereich schon des öfteren Probleme hatten.

Vielleicht ist Ihr Therapeut aber gar nicht bereit und in der Lage, mit Ihnen über solche Gefühle zu sprechen. Wenn er Ihnen dies mitteilt, die Therapie beendet und Ihnen vielleicht sogar hilft, einen anderen Therapeuten zu finden, dann hat er sich korrekt verhalten. Denn Sie können vom Therapeuten nicht in jedem Fall erwarten, dass er sich mit Ihrem Verliebtsein auseinandersetzt. Wenn er Ihnen aber auf irgendeine Weise Schuldgefühle einredet, verhält er sich nicht professionell, sondern dann hat er mit diesem Thema selbst irgendwelche Schwierigkeiten, die er sich nicht eingesteht und Ihnen zuschiebt (Kap. 4.2).

Wenn es Ihnen schwer fällt, darüber zu reden, versuchen Sie zu klären, ob die Gesprächshindernisse bei Ihnen selbst liegen oder beim Therapeuten. Sie sollten darüber, wenn irgend möglich, mit einer anderen Person Ihres Vertrauens sprechen, vielleicht sogar mit einem anderen Therapeuten im Rahmen von probatorischen Sitzungen (Kap. 12.2). Wenn Sie über diese Gefühle nicht reden können oder wollen, dann sollten Sie die Therapie beenden oder für einige Monate unterbrechen. Eventuell können Sie dann die Therapie fortsetzen, falls sich das Gefühl wieder aufgelöst hat. Man weiß ja nie, wie lange ein Verliebtsein anhält.

Aber wenn Sie selbst weder die Therapie unterbrechen wollen noch mit dem Therapeuten darüber sprechen können, weil Sie einfach an diesem schönen Gefühl festhalten wollen, dann werden Sie weiter leiden und auch in der Therapie Ihrer anderen Probleme nicht weiterkommen. Vermutlich hoffen Sie dann immer noch, dass aus Ihnen beiden etwas werden kann. Dies wird solange der Fall sein, bis Sie genügend Frust oder gar Leid gesammelt haben und einen neuen Weg gehen können.

Wenn Sie in Ihren Therapeuten verliebt sind, wird Ihre Psychotherapie solange keine Fortschritte machen, wie Sie diese Gefühle verschweigen.

6 Keine Psychotherapie mit dem herkömmlichen medizinischen Krankheitsverständnis!

Wenn die Psyche wie ein kranker Körperteil behandelt wird, behindert dies die Therapie und Sie können leicht anstatt gesünder schwächer und abhängiger werden.

Das herkömmliche medizinische Krankheitsmodell sieht Krankheit als Schaden eines Organs, den der Arzt als Spezialist heilt oder lindert. In der Psychotherapie aber heilt nicht der Therapeut einen psychischen Schaden, sondern Sie heilen sich letztlich selbst, mit Unterstützung und Anleitung des Therapeuten. Die in der Psychotherapie erforderliche Wertschätzung der Selbstwirksamkeit – ich kann selbst wirksamen Einfluss auf mein Leben und meine Gesundheit nehmen – spielt in der medizinischen Behandlung heutzutage oft keine große Rolle. Soweit solche medizinischen Denkansätze in die Psychotherapie einfließen, entsteht ein zunehmendes Risiko, dass der Patient in eine ungesunde Abhängigkeit vom Therapeuten (Kap. 3.3.3) gerät.

Da Sie wegen eines für Sie bedeutsamen ungelösten Problems in die Therapie kommen, erleben Sie sich zumindest in Bezug auf dieses Problem als verunsichert, hilflos, unfähig oder vielleicht sogar als minderwertig. Wenn Sie sehr depressiv sind, sehen Sie sich selbst möglicherweise in jeder Hinsicht negativ. Es ist völlig klar, dass das Ziel der Therapie nur darin bestehen kann, dass Sie Ihre Fähigkeiten zur Lösung des Problems entwickeln, um ein stärkeres Selbstbewusstsein zu bekommen und schließlich Ihr Wohlbefinden zu verbessern oder wiederherzustellen.

Wie gesagt, alle psychotherapeutischen Theorien und Forschungsergebnisse verlangen, dass der Entwicklung und dem Aufbau der positiven Kräfte des Patienten, der Selbstwirksamkeit, entscheidende Bedeutung für die Wiederherstellung seiner seelischen Gesundheit zuzuschreiben ist.

Ihr Selbstbewusstsein kann durch bestimmte Theorien und Vorstellungen über Ihre Störungen und durch Verhaltensweisen von Therapeuten geschwächt werden. Dies passiert eher, wenn seelische Probleme wie körperliche Erkrankungen behandelt werden, als gäbe es in dem Patienten etwas Krankhaftes, das der Therapeut wegmachen könne, als wären z.B. Panikattacken wie ein Schnupfen oder eine Lungenentzündung, die der Arzt ausheilen kann. Dieses klassische medizinische Modell mit dem passiven Patienten wird auch für körperliche Erkrankungen heutzutage immer mehr in Frage gestellt. Für die psychotherapeutische Behandlung von seelischen Störungen ist es ungeeignet und schafft mehr neue Probleme, indem es die Abhängigkeit vertieft. Auch Psychologen können Patienten in Passivität halten. Andererseits gibt es viele Ärzte, die dieses alte medizinische Modell nicht mehr vertreten. Sie können also nicht pauschal den Ärzten oder den Psychologen bestimmte Vorstellungen unterstellen, sondern Sie müssen sich ein Bild von dem einzelnen Therapeuten machen.

Aber: Die herkömmlichen medizinischen Vorstellungen von Krankheit werden nicht nur von Ärzten und Psychologen vertreten. Viele Patienten haben genau dieselben Einstellungen, weil sie sich lieber behandeln lassen als selbst zu handeln. Was davon auch für Sie zutrifft, können Sie im Folgenden selbst überprüfen.

An vier Aspekten lässt sich der Unterschied zwischen einer modernen Psychotherapie einerseits und ungesundem, passiv und kranker machendem medizinischem Denken von Therapeuten und Patienten andererseits gut verdeutlichen.

6.1 Die Bedeutung Ihrer äußeren Lebensumstände

Die Probleme, die Sie in der Auseinandersetzung mit Ihrer Außenwelt haben, dürfen nicht einseitig nur auf Mängel, die in Ihrer Person liegen, zurückgeführt werden.

Das Leben verlangt von uns, dass wir uns immer wieder auf neue Lebensbedingungen einstellen. In der Schule kommen laufend neue Anforderungen auf uns zu bei höchst unterschiedlichen Lehrern. Der Auszug aus dem Elternhaus erfordert neue Lebensfähigkeiten. Heirat, Elternschaft, Scheidung, schwere Krankheiten, Unfälle und Todesfälle, Wechsel der Arbeitsstelle oder des Chefs und viele andere tiefgreifende Ereignisse erfordern, dass wir unsere alten Bahnen verlassen, neue Erkenntnisse sammeln und neues Verhalten lernen, damit wir unter den veränderten Lebensbedingungen weiterleben können, und dies natürlich so gut wie möglich. Wenn man es sich genau überlegt, erfordert jede neue Lebenssituation auch eine neue Antwort von uns. Wir können nicht einfach nur wiederholen, was wir früher einmal gelernt haben, sonst sind wir den neuen Herausforderungen unseres Lebens nicht gewachsen. Auf die besonderen Aspekte, die sich aus unseren tiefgreifenden Erfahrungen in der Kindheit ergeben, geht das nächste Kapitel ein.

Unabhängig davon, welche Erfahrungen wir in unserem bisherigen Leben gesammelt haben, müssen wir uns immer wieder neu auf das aktuelle Leben einstellen. Mit den Veränderungen der Welt, in der wir leben, müssen wir uns auch verändern, um uns in dieser Welt wohl zu fühlen. Psychische Beeinträchtigungen, die in einer Psychotherapie behandelt werden können und nicht Folge von organischen Störungen im Nervensystem sind, zeigen oft, dass unsere Anpassung an neue Lebenssituationen und ihre Bewältigung nicht gut erfolgt ist. Die Probleme entstehen in unserer Außenwelt, lösen müssen wir sie aber selbst. Und durch unser neues Verhalten wirken wir in die Außenwelt hinein, nehmen Einfluss auch auf die anderen Menschen und verändern somit auch die Welt um uns herum.

In der Psychotherapie benötigt deshalb der Therapeut auch Kenntnisse über die Lebenswelt seines Patienten. Wenn z.B. eine Patientin als Krankenschwester sich durch die Arbeit überfordert fühlt und Angstzustände und Kontrollzwänge entwickelt, ist es wichtig zu klären, ob dies im Zusammenhang mit gestiegenen Arbeitsanforderungen zu sehen ist. Vielleicht versucht sie, ihre Angst vor Fehlern aufgrund des Zeitdrucks durch vermehrte Kontrollen, die zu Zwängen ausgeartet sind, in den Griff zu bekommen. Das erfordert andere therapeutische Maßnahmen, als wenn sie Angst hat, etwas falsch zu machen, weil sie von der Stationsleitung gemobbt wird, z.B. um ihr auf diese Weise leichter unangenehme Dienste aufdrücken zu können.

Es gibt im psychotherapeutischen Bereich verschiedene Theorien, die ein Zwangsverhalten einfach als Mangel oder eine Dysfunktion des Patienten verstehen, die beseitigt werden müssen. Ähnliches gilt für andere Symptome und Beschwerden. Der Tiefenpsychologe geht vermutlich intensiver auf die Kindheit ein, der Verhaltenstherapeut erstellt Trainingsprogramme, womöglich nach einem Therapieschema. »Therapiemanuale«, nach denen der Therapeut in jeder Sitzung möglichst genau vorgehen soll, sind neuerdings bei manchen Psychologen sehr beliebt geworden. Wenn ein Manual, in dem verschiedene erprobte Behandlungsmaßnahmen für ein Symptom in einem Therapieplan zusammengefasst sind, aber Ihre persönliche Lebenssituation nicht entsprechend berücksichtigt, hilft es nicht wirklich weiter. Es hat sehr unterschiedliche Folgen, ob die Schwierigkeiten oder Symptome, die Sie als Patient haben, im Zusammenhang mit Ihrer Lebenssituation gesehen werden oder nicht.

Je weniger in der Therapie Ihre konkrete Lebenssituation zur Sprache kommt, umso mehr werden Sie Ihre Probleme als einen Mangel Ihrer Person empfinden.

Ihr Selbstbewusstsein wird unter diesem Blickwinkel noch mehr beeinträchtigt. Wenn in der Therapie aber gut geklärt wird, unter welchen Umständen Sie Ihre Beschwerden entwickelt haben, und Sie sich damit selbst besser verstehen, baut dies Ihre Zweifel an sich selbst ab und Sie finden mehr Mut, die notwendigen neuen Schritte einzuleiten und sich weiterzuentwickeln.

Deshalb ist es wichtig, dass Sie möglichst konkret und ausführlich über Ihr gegenwärtiges Leben sprechen und darlegen, wie Ihre Probleme mit Ihrem Leben zusammenhängen. Dabei sollten Sie alles ansprechen, was Sie für wichtig halten. Denn ob das, was Sie sagen, von Bedeutung für die Therapie ist, können Sie und auch Ihr Therapeut erst herausbekommen, wenn Sie darüber sprechen.

Viele Patienten (und auch manche Therapeuten) haben Schwierigkeiten damit, über die konkreten Lebensbedingungen zu sprechen, weil sie nur noch über sich selbst nachdenken. Sie haben verlernt, ihre Aufmerksamkeit auf die Welt um sich herum und die Veränderungen dort zu richten. Dies dient aber nicht der seelischen Gesundheit und dem Wohlbefinden. Denn wenn wir uns nur mit uns selbst beschäftigen, kommt nichts positives Neues in unser Denken und in unser Leben.

Es kann vorkommen, dass auch Therapeuten vor allem an Ihren Mängeln und Defiziten im Therapiegespräch hängen bleiben angesichts vieler Theorien, die psychische Probleme wie körperliche Krankheiten behandeln.

Therapeuten können leicht in die Situation kommen, dass sie sich mit den konkreten Lebensbedingungen Ihrer Patienten nicht gut auskennen. Sie können bei weitem nicht alles kennen, was das Leben zu bieten hat oder auch anrichten kann. Deshalb ist es auch so wichtig, dass Therapeuten bereit sind, Neues zu lernen, z.B. über die Lebensbedingungen Ihrer Patienten.

Machen Sie Ihren Therapeuten ruhig darauf aufmerksam, wenn Sie den Eindruck haben, dass er Ihr Leben noch gar nicht richtig kennt oder zuviel über Ihre Mängel und Defizite spricht. So können Sie ihm sagen: »Ich möchte Ihnen gern mehr von meiner Lebenssituation XY erzählen, damit Sie mich besser verstehen.« Oder: »Ich habe aber mit der Situation XY nicht nur Probleme, sondern auch schon einiges ganz gut bewältigt.« Sie werden dann feststellen, ob Sie diese Angelegenheit gut mit dem Therapeuten besprechen können und sich Ihr Unwohlsein auflöst oder nicht. Vielleicht hat der Therapeut ja recht damit, dass er in dieser Stunde intensiver auf Ihre Schwierigkeiten eingeht, z.B. wenn Sie sich am liebsten davor zu drücken versuchen. Aber vielleicht hat er sich auch gar nicht richtig mit Ihrem Leben beschäftigt, weil ihn irgendetwas daran persönlich unangenehm berührt, was er noch nicht gemerkt hat. Stattdessen beschränkt er sich lieber auf Ihre psychischen Probleme, weil er sich dort sicher und vielleicht sogar überlegen fühlt. Sie werden nicht durch Grübeln mit sich allein zu einer Klärung kommen, sondern nur, wenn Sie mit Ihrem Therapeuten darüber sprechen. So gewinnen Sie ein eigenes Urteil darüber, ob Ihr Therapeut wirklich ein gutes Verständnis Ihres Lebens hat.

Achten Sie in der Therapie darauf, dass Sie Ihr konkretes gegenwärtiges Leben zur Sprache bringen und dass es ernst genommen wird, und zwar so ausführlich, wie Sie es möchten.

6.2 Ihre Selbstheilungskräfte

Ihre Beschwerden und Symptome geben auch positive Hinweise für ihre Bewältigung. Dies ist eine Wegweiserfunktion der inneren Selbstheilungskräfte, die in der Therapie Berücksichtigung finden muss.

Der Mensch ist ein hochentwickeltes Lebewesen und eine seiner besonderen Fähigkeiten besteht darin, dass er sich selbst helfen kann. Das geschieht nicht nur dann, wenn wir uns dessen bewusst sind durch unseren klugen Verstand. Der Körper selbst hat viele Regulationsmechanismen, mit denen er dafür sorgt, dass Störungen behoben werden: Das Fieber treibt einen Infekt aus, die Müdigkeit stellt sicher, dass wir genügend Schlaf und Ruhe finden, der Muskelkater warnt vor Überanstrengung der entsprechenden Muskelgruppe, das Sodbrennen verlangt gesundere Ernährung usw.

Diese »vollautomatischen« Selbsthilfemechanismen des Körpers und der Seele (Selbstheilungskräfte) funktionieren offenbar so, dass wir durch unangenehme Zustände gezwungen werden, unseren körperlichen und seelischen Bedürfnissen Rechnung zu tragen. Wenn wir uns darüber hinwegzusetzen versuchen, drohen ernsthaftere und langwierigere Störungen unseres Wohlbefindens: Der ignorierte Infekt kann zur Lungenentzündung führen, bei längerem Schlafmangel droht Sekundenschlaf auf der Autobahn, Überforderung der Muskulatur verursacht Krämpfe oder gar Muskelfaserrisse, ein chronisch übersäuerter Magen bekommt Geschwüre und vieles mehr.

Bei seelischen Problemen, die ja eng mit den Körperfunktionen verzahnt sind, ist dies nicht anders. Jahrelange, in der Partnerschaft niemals geklärte Konflikte können die Beziehung schließlich zur Hölle machen, wenn beide gleichzeitig Angst haben, allein zu leben. Wer sich mit dem Verlust eines geliebten Menschen nicht auseinander zu setzen vermag, also nicht wirklich Abschied nimmt, leidet möglicherweise anhaltend unter Depressionen. Wenn die emotionale Abhängigkeit von den Eltern sehr groß ist, weil man immer noch hofft, von Ihnen richtig verstanden zu werden, kommt es besonders leicht zu Enttäuschungen, weil die unbewussten übergroßen Erwartungen an andere Menschen nicht erfüllt werden. Gerade solche Probleme, die uns nicht oder noch nicht in ihrer ganzen Tiefe bewusst sind, verursachen psychische Symptome wie Angstzustände, Depressionen, psychogene Schmerzstörungen und andere psychosomatische Erkrankungen.

Die psychischen Beschwerden, aufgrund derer Sie in die Psychotherapie kommen, haben vermutlich ihre Ursachen in einem ungelösten Lebensproblem. Gleichzeitig weisen die Beschwerden durch die dazugehörigen unangenehmen Gefühle auch darauf hin, wie Sie sich verändern müssen, um Ihr Leiden zu beenden oder zumindest zu lindern. (Kap. 5.4) Und wenn es Ihnen wieder gut geht, haben Sie den richtigen Weg gefunden und sich auf die neue Situation eingestellt. Wir alle leisten im Alltag diese Anpassungsprozesse mehr oder weniger bewusst gewissermaßen am laufenden Band. Oder wie der Philosoph Popper sagt: »Alles Leben ist Problemlösen.« Das macht also unser Leben aus: Immer wieder dafür sorgen, dass es uns gut geht.

Doch manche unserer Probleme sind einfach zu schwierig für uns. Unsere Fähigkeiten reichen noch nicht aus, die Schwierigkeiten zu bewältigen. Stattdessen reagieren wir oftmals mit unbewussten Abwehrmechanismen, für die wir aber auch einen hohen Preis zahlen in Form von »unerklärlichen« Ängsten, psychosomatischen Störungen oder Schmerzempfindungen, Zwängen, Essstörungen usw. Und wenn wir dann auch durch Beratung im Familien- oder Freundeskreis die Lösung nicht finden, suchen wir schließlich einen Spezialisten auf, bei körperlichen Problemen einen Arzt oder Heilpraktiker und bei seelischen Problemen vielleicht einen Psychotherapeuten.

Sie können also die psychischen Beschwerden einmal von ihrer krankmachenden Seite sehen, als Signale, dass etwas in Ihrem Leben nicht in Ordnung ist. Sie können sie aber auch als Hinweisschilder, als die unbewusste Weisheit von Körper und Seele zur Wiederherstellung von Wohlbefinden ansehen.

Wenn Sie oder Ihr Therapeut vor allem den Aspekt des Kranken, Gestörten, die Pathologie in den Mittelpunkt stellen, werden Sie sich möglicherweise immer schlechter fühlen. Wenn es in der Therapie aber gelingt, aus den Beschwerden die positiven Perspektiven für Sie »herauszulesen«, gibt es Ihnen Hoffnung und Mut für die notwendigen Veränderungen. Und für jeden Menschen, besonders aber für Leidende, also Patienten, ist es ein enorm positives Erlebnis, wenn ihm bewusst wird, dass die schlimmen Symptome und Beschwerden, die ihn in die Therapie getrieben haben, positive Signale für die Lösung seiner Probleme beinhalten. Sie entdecken vielleicht zum ersten Mal, dass Sie offenkundig Selbstheilungskräfte in sich tragen, die Sie bisher noch nicht kannten und dass diese Kräfte Ausdruck Ihrer Stärke sind. Das ist ein notwendiger und höchst wirksamer Schritt zur Wiederherstellung des eigenen Selbstwertgefühls.

Zwei Bedingungen müssen allerdings erfüllt sein, damit Ihr Therapeut Ihnen helfen kann, Ihre Symptome »positiv zu lesen«.

Erstens muss er Ihr Lebensproblem so gut verstehen und mit Ihnen zusammen einen Zugang zu Ihren Problemen bekommen, dass Sie die richtige Verbindung zwischen dem Lebensproblem und den Symptomen herstellen können. Das ist ein zentraler Kernpunkt jeder Therapie und deshalb auch nicht so einfach zu bewältigen, egal welcher therapeutische Ansatz vertreten wird. Manchmal kann der Therapeut schon in der ersten Therapiestunde diesen Zusammenhang klar erkennen oder die Patienten kennen ihn selbst schon, aber es kommt auch vor, dass der Therapeut ganz schön lange im Nebel herumstochert, bis Klarheit entsteht. Eine Garantie, den Zusammenhang rasch aufklären zu können, kann letztlich kein Therapeut geben.

Zweitens muss Ihr Therapeut aber auch dieses positive Konzept zum Verständnis von Symptomen teilen. Das trifft nicht immer zu. Je mehr der Therapeut dem klassischen medizinischen Denken verhaftet ist, desto mehr wird er bei der Beschäftigung mit Ihren Symptomen vermutlich über das Krankhafte und Gestörte reden. Für Therapeuten kann das sogar gewisse Vorteile haben. Seine Leistung bekommt dadurch einen höheren Stellenwert als die Selbstheilungskräfte des Patienten. Dies ist ein allgemeines, sehr tiefsitzendes Problem unseres Gesundheitssystems, das es auch so teuer macht. Die medizinische Leistung hat eine größere Bedeutung als das Verständnis der Menschen von gesundem Verhalten.

Ich habe es auch festgestellt, wie wir das Leiden eines Patienten immer wieder von allen Seiten beleuchten, solange wir seine positive Funktion noch nicht entdeckt haben. Dies kann auch manchmal Ihnen, dem Patienten, entgegenkommen. Denn Sie können Ihren Leidensdruck durch das Reden über Ihr Leiden etwas reduzieren, ohne wirklich sich selbst oder Ihr Leben verändern zu müssen. Aber diese zähflüssige Allianz zwischen Ihnen und Ihrem Therapeuten, an der negativen Seite der Symptome hängen zu bleiben, bringt Sie auf Dauer nicht weiter, im Gegenteil, es verfestigt Ihr Gefühl, wie schlimm es um Sie steht, und erhöht Ihre Zweifel, ob Ihnen noch zu helfen ist. Es ist also von großer Bedeutung, dass Sie selbst mit darauf achten, dass der Lösung Ihrer Probleme mehr Raum gegeben wird als der immer neuen Vertiefung in Ihre Klagen, Symptome und Beschwerden. Immer wenn eine Therapie erfolgreich gewesen ist, sind auch die Selbstheilungskräfte des Patienten wieder aktiviert und gestärkt worden.

Therapeuten leisten diese Arbeit oft, ohne dass sie ausdrücklich über Selbstheilungskräfte oder Ihre positiven Seiten sprechen. Vielleicht ist Ihrem Therapeuten nicht einmal bewusst, dass er sich bei einem guten Therapieverlauf auf Ihre Stärken gestützt hat. Letztlich ist in einer erfolgreichen Therapie nicht entscheidend, worüber ausdrücklich geredet wird, sondern ob Ihr Leiden wirklich geringer wird. Oft war das, was meinen Patienten geholfen hat oder was sie als hilfreich erlebt haben, etwas ganz anderes als das, was ich für wichtig und positiv hielt. Es ist durchaus erfreulich, dass Therapeuten ihren Patienten auch auf eine Weise, die sie gar nicht bewusst eingeplant haben, helfen können.

Entdecken Sie in der Therapie Ihre Selbstheilungskräfte, die Ihnen zeigen, auf welchem Weg Ihre Symptome Sie vom Leiden zum Wohlbefinden führen wollen.

6.3 Der »Warum-Sumpf«

Solange Sie nur an den Ursachen in der Vergangenheit gedanklich festkleben, also in einem »Warum-Sumpf« stecken, arbeiten Sie noch nicht an den Lösungen Ihrer Probleme.

Gelegentlich zeigt sich der stagnierende Zustand der Therapie an einem kleinen Wörtchen, das wieder und wieder benutzt wird: »warum?«. Wenn Sie in einer Warum-Phase stecken, wird die Therapie Sie solange nicht weiterbringen, wie Sie dem Blick zurück in die Vergangenheit verhaftet sind und nur über den leidenden Aspekt der Symptome sprechen, ohne Zugang zu dem »wohin führen mich die Beschwerden?« zu finden. Eine einzelne Warum-Frage in einem konkreten Zusammenhang ist nicht das Problem. Der Blick zurück kann helfen zu klären, wie etwas entstanden ist, um sich dann umso bewusster daraus zu lösen und den neuen tragfähigeren Weg zu finden. Aber solange Sie sich in der Therapie nur mit Ihrer Warum-Vergangenheit beschäftigen, werden Sie keine neuen Antworten auf die gegenwärtige Situation erhalten.

Wenn man auf dieses Am-Warum-Kleben achtet, kann man feststellen, dass die Patienten dies dann tun, wenn sie Angst davor haben, sich ihr konkretes gegenwärtiges Leben genauer anzusehen. Sie können sich noch nicht den wirklichen Problemen Ihres Lebens stellen. Wie gesagt, das ist nichts Ungewöhnliches, schließlich haben Sie ja deshalb auch einen Therapeuten aufgesucht, damit er Ihnen bei der Lösung Ihrer Lebensprobleme weiterhilft.

Wenn Ihrem Therapeuten auch nichts Besseres einfällt, und er mit Ihnen in Ihrem Warum-Sumpf stecken bleibt, dann werden Sie nicht weiterkommen.

6.4 Ihre Stärken und Schwächen

Wenn die Therapie Sie nur auf Ihre kranken und gestörten Anteile fixiert, werden ihre vorhandenen Fähigkeiten unterschätzt, missachtet und vielleicht sogar eingeschränkt.

Jeder Mensch verfügt über Stärken und Schwächen. Es gibt niemanden, der nur stark oder nur schwach ist. Auch der tief depressive oder der von der Panik übermannte Mensch verfügt über Stärken, auch wenn sie ihm unter dem Druck der psychischen Belastung vielleicht gerade nicht bewusst sind. Allein schon die Tatsache, dass jemand sich entscheidet, psychotherapeutische Hilfe in Anspruch zu nehmen, ist ein Ausdruck von Stärke. Uneinsichtige Alkoholiker, uneinsichtige Workaholics, die bis zum Herzinfarkt arbeiten, oder zutiefst gestörte Vorgesetzte, die ihre Lebensprobleme an ihren Mitarbeitern ablassen, haben nicht die Stärke, sich ob ihres Problemverhaltens Hilfe zu holen.

Jetzt werden manche Patienten einwenden, dass ihnen diese Stärke nichts nützt, weil sie diese nicht spüren. Gerade deshalb müssen Sie wissen, dass Stärken und Schwächen immer miteinander verbunden sind wie Licht und Schatten. Sich Hilfe holen zu können beinhaltet genauso eine starke und eine schwache Seite wie Probleme allein lösen zu können. Denn so angenehm es sein mag, wenn wir ein Problem allein lösen können, so ist dies nicht absolut zu setzen. Vielleicht versäumen wir ja gerade durch unseren kindlichen Stolz, es allein zu können, die Chance für eine weit bessere Lösung mit Hilfe von oder durch Kooperation mit anderen Menschen. Es ist charakteristisch für Menschen, die in Not sind, dass sie sich schwach fühlen. Man kann niemandem in einer solchen Situation einreden, dass er sich stark fühlen soll.

Aber es sollte Aufgabe des Therapeuten sein, in der Not Ihnen zu helfen, Ihre Stärken (wieder) zu entdecken und zu entwickeln.

Wenn wir verstanden haben, dass die psychischen Beschwerden dringende Aufforderungen von Körper und Seele sind, etwas in unserem Leben zu verändern, dann steckt in dem Symptom schon eine positive Kraft, die das Wohlbefinden wiederherstellen möchte. Wenn Ihr Therapeut nicht der Überzeugung wäre, dass in Ihnen, seinem Patienten, die Kraft zur Gesundheit und zum Wohlbefinden, zumindest aber zur Besserung steckt, würde er gar keine Therapie mit Ihnen beginnen.

Therapeuten ist manchmal nicht bewusst, dass sie ja die Therapie nur im Vertrauen auf die Stärken ihrer Patienten machen können.

Solange Leben in einem Lebewesen ist, kämpft es um sein Weiterleben mit aller Kraft, die ihm zur Verfügung steht: **Leben will leben.**

Und ist denn dieser Lebenswille, den Sie als Patient in die Therapie mitbringen, etwas Anderes als eine enorme Stärke? Ihr Therapeut kann Ihnen diese Stärke bewusst machen oder darüber schweigen.

Es reicht aber nicht aus, allgemeine Behauptungen über Ihre Stärken aufzustellen, sondern diese Stärke müssen Sie selbst konkret erkennen und erleben. Dazu wird der Therapeut sich intensiv um Ihre Stärken kümmern, sie entdecken, sie fördern und zur Lösung Ihrer Lebensprobleme nutzbar machen. Und natürlich wird dies umso wirksamer gelingen, je mehr auch Ihnen bewusst wird, wie wichtig Ihre Stärken sind und dass Sie sich aus dem Zustand der Schwäche, mit dem Sie in die Therapie gekommen sind, lösen können.

Sich Schwächen eingestehen zu können, ist die größte Stärke, die wir erlangen können, weil wir dann nicht mehr vor ihnen davonlaufen müssen, sondern weil wir dann adäquate Antworten auf unsere Schwächen finden können.

Ich habe die »starke Schwäche«, eine Therapie in Anspruch nehmen zu können, als ein einfaches, wenn auch außerordentlich wichtiges Beispiel genommen, um die so häufigen, aber völlig unberechtigten Minderwertigkeitsgefühle von Menschen, die Therapien in Anspruch nehmen, abzubauen. Wenn sich der Therapeut für Ihr ganzes Leben interessiert, werden Sie gemeinsam viele Stärken entdecken: wie Sie sich Mitmenschen gegenüber verhalten, wie Sie Ihre Kreativität leben, welche gute Arbeit Sie leisten, wie Sie um Ihr Leben kämpfen, um nur einige zu nennen. Auf jeden Fall verfügen alle Patienten auch über besondere Stärken, die für die Bewältigung ihrer Probleme dringend gebraucht werden.

Selbst wenn Ihr behandlungsbedürftiges Problem darin besteht, dass Sie wegen Ihrer Überheblichkeit und Selbstüberschätzung oft Schwierigkeiten mit Ihren Mitmenschen haben, ist es nicht automatisch heilsam, dass Sie sich erst einmal richtig schwach fühlen. Es geht immer darum, dass Sie lernen, Ihre Stärken **und** Ihre Schwächen realistischer einzuschätzen. Wenn Sie sich immer stark fühlen müssen, haben Sie andersartige Probleme als jemand, der sich nur schwach fühlt. Sie sind auf Ihre Art schwach und sollten bei diesem Problem Hilfe bekommen, wenn Sie es wollen.

Wenn Sie im Verlauf einer Therapie bei sich feststellen sollten, dass Sie sich immer schwächer fühlen, ist dringender Handlungsbedarf gegeben. Wie im Kap. 5.4.4 dargelegt, sollten Sie unbedingt mit Ihrem Therapeuten darüber sprechen, wenn die Therapie Sie belastet und Sie sich noch schwächer fühlen, und sich auf keinen Fall einreden oder einreden lassen, dass es ein gutes Zeichen ist, wenn Ihr Gefühl von Schwäche immer mehr zunimmt.

Eine gute Therapie hält Ihre positiven Kräfte und Fähigkeiten für wichtiger als Ihre Schwächen und Defizite und schenkt ihnen deshalb auch besondere Aufmerksamkeit.

7 Die Bedeutung der Kindheit in der Psychotherapie

Die »Arbeit an der Kindheit« in der Therapie kann hilfreich und notwendig, aber auch unsinnig oder gar schädlich sein.

Eine der häufigsten Fragen, die Patienten zu Beginn einer Psychotherapie haben, ist die Frage danach, ob der Therapeut »in die Kindheit gehen« will oder nicht. Das Sprechen über die Kindheit ist meist mit großen Gefühlen verbunden, und zwar heftigen Gefühlen in beide Richtungen. Die einen Patienten erhoffen sich davon die Lösung aller ihrer Probleme, weil sie meinen, dass damals etwas falsch gelaufen sei, was in der Therapie endlich »verarbeitet« werden sollte. Die anderen befürchten ein sinnloses Reden über die Vergangenheit, das ihnen jetzt nicht hilft und sie nur noch weiter herunterzieht. Für beide Sichtweisen gibt es gute Argumente.

Manchmal sagen Patienten auch, dass sie sich gar nicht richtig an ihre Kindheit erinnern. Es kann, aber es muss nicht sein, dass dies ein Hinweis darauf ist, dass die Kindheit eine schwere Zeit für den Patienten war und er dies verdrängt hat. Es gibt aber keine Regel, an was man sich noch erinnern sollte oder wie viel in der Therapie über die Kindheit geredet werden sollte. Es kann zu viel und zu wenig oder auch auf eine ungesunde Art über die Kindheit gesprochen werden.

Da die Kindheit eine zentrale Rolle für unsere psychische Entwicklung spielt, wird sie in jeder Psychotherapie zur Sprache kommen.

7.1 Warum ist die Kindheit so wichtig?

Die Erfahrungen, die wir in der Kindheit sammeln, haben einen besonders hohen Stellenwert für unser weiteres Leben, da sie uns in vieler Hinsicht prägen können.

Die wichtigsten Gründe hierfür sind:

- Aufgrund unserer Abhängigkeit von anderen Menschen, insbesondere von den Eltern, Geschwistern und Großeltern sowie auch der Bedeutung, die manche Lehrer oder auch andere Personen für uns in der Kindheit haben können, sind wir als Kinder bereit, diesen Erwachsenen zu glauben und sie nachzuahmen. Wir können es uns als Kinder nicht erlauben, uns von den wichtigsten Bezugspersonen zu lösen, und wir sind darauf angewiesen, uns auf die Meinungen der Erwachsenen zu verlassen.
- Durch Belohnung und Bestrafung durch die »stärkeren« Erwachsenen werden wir konditioniert, ihren Vorstellungen zu folgen.
- Man kann eine neue Erkenntnis dann leichter annehmen, wenn sie mit dem bisherigen Wissen in Einklang gebracht werden kann. Deshalb setzen sich neue Erfahrungen in der Kindheit leichter fest, da noch nicht so viele alte Erfahrungen vorliegen, die mit den neuen in Übereinstimmung gebracht werden müssen.
- Mit den in der Kindheit gewonnenen Erkenntnissen und Überzeugungen haben wir viel länger gelebt als mit den jüngeren. Und langerprobtes Wissen gibt man nicht so schnell auf.
- Die kindlichen Erfahrungen sind sehr viel unmittelbarer und intensiver, da sie noch nicht durch kritisches Reflektieren relativiert und abgeschwächt werden.

Aber bei allen Abhängigkeiten, denen wir als Kind ausgeliefert sind, entfaltet sich schon in der Kindheit unser eigenes Leben. Kinder sind nicht einfach Produkte ihrer Eltern oder anderer Erwachsener oder der Vererbung, sondern Kinder geben wie alle Lebewesen auf die Lebensumstände, die sie vorfinden, ihre höchstpersönliche, also sehr individuelle Antwort. Auch wenn ein Kind schwere und schlimme Erfahrungen sammeln musste, bedeutet dies nicht automatisch, dass sein Leben verpfuscht ist. Denn entscheidend ist nicht, welche Erfahrungen wir gemacht haben, sondern wie wir unsere Erfahrungen bewältigen. Unser Wohlbefinden oder unsere schlechte Verfassung ist zu jedem Zeitpunkt in unserem Leben das Ergebnis unserer Antwort auf die gegenwärtige Lebenssituation.

In unsere Antwort, die wir dem Leben, das uns begegnet, geben, fließen unsere vergangenen Erfahrungen ein. Ein Mensch, der viele negative Erfahrungen, womöglich schon seit der Kindheit, gesammelt hat, hat es erst einmal schwerer, ein befriedigendes Leben zu führen. Denn in die neuen aktuellen Lebenssituationen fließen immer wieder die schlimmen Erinnerungen aus der Vergangenheit ein. Trotzdem bleibt es letztlich entscheidend, welche Bewältigungsstrategien wir in unserem Leben erworben haben, ob es uns in einer bestimmten Situation gut geht oder nicht. Es gibt Menschen, die eine persönliche Katastrophe erfahren und trotzdem Wohlbefinden und innere Harmonie gefunden haben, manche Betroffene berichten, dass sie sich gerade durch eine schlimme Erfahrung positiv entwickelt haben. Andererseits können Menschen, die in einer positiven Umgebung und wohlbehütet aufgewachsen sind, in tiefe seelische Krisen geraten, weil sie eine bestimmte Lebensaufgabe, z. B. das Älterwerden, nicht bewältigen.

Die Antworten, die wir auf die Probleme finden, die uns das Leben stellt, entscheiden über unser Wohlbefinden, nicht die Probleme selber. Aus diesem Grunde kann auch eine Psychotherapie einem Menschen helfen, der schreckliche Dinge erfahren hat. Diese können nicht ungeschehen gemacht, aber verarbeitet werden.

7.2 Welche Bedeutung hat die Kindheit für die Gegenwart?

Die Erkenntnisse aus der Kindheitsarbeit müssen eine Bedeutung für Ihr jetziges Leben und die Probleme, die Ihre Therapie erforderlich machten, haben. Ziel einer erfolgreichen Verarbeitung ist, dass die negativen Erinnerungen an die Kindheit Sie heute nicht mehr oder zumindest deutlich weniger belasten.

Unser Leben findet immer in der Gegenwart statt. Negative Erinnerungen aus der Kindheit wirken nicht einfach diffus und allgemein auf unser heutiges Leben ein, sondern tauchen in ganz konkreten Lebenszusammenhängen auf.

Beispiele dafür sind: Die Mutter verlangt heute noch, dass Sie täglich bei ihr anrufen, und Sie können sich dagegen nicht abgrenzen. Der Vater behandelt Sie als außereheliches Kind auch als Erwachsenen immer noch wie einen »Bastard«, auch wenn er diese Beschimpfung vielleicht nicht mehr wie in Ihrer Kindheit ausspricht. Oder Sie behandeln eines Ihrer Kinder ungerecht, merken dies selbst, kommen aber gefühlsmäßig nicht aus dieser Rolle heraus. Ihnen ist noch nicht bewusst, dass Sie mit Ihrem Kind so verfahren, wie mit Ihnen verfahren wurde. Vielleicht essen Sie auch zuviel, haben ein Übergewicht und führen einen endlosen Kampf gegen die Pfunde, ohne zu wissen, dass Sie als Kind und vielleicht sogar schon Ihre Eltern vermehrtes Essen als Trost eingesetzt haben. Es gibt unendlich viele Anlässe in der Gegenwart, bei denen kindliche Konditionierungen eine durchschlagende negative Wirkung für uns haben können.

Ob Sie negative Kindheiterfahrungen in der Therapie bewältigen können, ist nicht davon abhängig, wie schlimm die Erfahrungen waren. Die schlimmen Dinge, die wir in der Vergangenheit, also auch in der Kindheit erlebt haben, beeinträchtigen nicht unser heutiges Leben unmittelbar, denn die Vergangenheit ist unwiderruflich vorbei. Es sind die Auswirkungen, vor allem die Erinnerungen an die Vergangenheit, die unserer jetziges Leben belasten. Wenn die schlechten Erlebnisse, die ein Mensch in seinem Leben gehabt hat, direkt unsere Befindlichkeit heute bestimmen würden, gäbe es auch nicht die Möglichkeit der Verarbeitung dieser Erfahrungen. Wir sind aber nicht den Erfahrungen von früher ausgeliefert. Jeder kennt Beispiele in seinem Leben, dass er Negatives erlebt hat, aber wenn wir daraus richtig gelernt haben, bedrückt uns dies nicht mehr. Viele Menschen sind auch rückwirkend dankbar für bestimmte negative Erfahrungen, durch die sie wichtige Erkenntnisse für ihr Leben gewonnen haben.

Wenn Sie aus einem automatischen Muster nicht herauskommen, kann es notwendig sein, sich mit Ihren Wurzeln in der Kindheit auseinander zu setzen. Die Lösung aus einem früheren Muster darf aber nicht nur ein Gedankenspiel sein, sondern Sie sollten dadurch die heutigen Probleme, die Sie auf das Muster aufmerksam gemacht haben, lösen können. Wenn in der Therapie von Kindheitsproblemen keine Rückkoppelung zur Gegenwart erfolgt und der Fortschritt der Therapie nicht überprüft wird, haben weder Sie noch der Therapeut eine Sicherheit, dass sich die Therapie auf dem richtigen Weg befindet. So bleiben es reine Gedankenspielereien, über die Beziehung zu Mutter oder Vater in der Kindheit zu sprechen, wenn die heute noch problematische Beziehung zu den Eltern ausgeklammert wird.

Das Verarbeiten negativer Erinnerungen kann behindert werden, wenn aufgrund der gegenwärtigen Lebenssituation Probleme nicht auflösbar sind. Wenn z.B. eine als Kind oder Jugendliche missbrauchte Frau sich aus der Familie, die den Missbrauch gedeckt hat, auch jetzt noch nicht lösen kann oder will, kann unter Umständen eine Therapie daran scheitern. Unauflösliche finanzielle Abhängigkeiten, geringe geistige Flexibilität oder andere besondere Umstände, die gegenwärtig wirksam sind, können zu einem Scheitern beitragen. Genau betrachtet ist es aber nicht die schwierige aktuelle Situation, die die Bewältigung eines seelischen Problems unmöglich macht, sondern die Tatsache, dass noch kein Ausweg daraus gefunden wurde.

Diese Unterscheidung ist wichtig, weil das Scheitern einer Therapie oder eines Teilziels der Therapie nicht die Unlösbarkeit eines Problems beweist. Es kann sein, dass mit einem anderen Therapeuten die Lösung gefunden werden kann oder die Zeit noch nicht reif ist für eine Auflösung des Problems. Vielleicht passiert aber auch eines der überraschenden Ereignisse, die eine völlig neue Situation entstehen lassen, und das muss nicht nur der meist herbeigesehnte Lottogewinn sein, auch das Auftauchen eines neuen Menschen, eine neue Beziehungserfahrung im Leben einer Person kann zu einer völlig neuen Situation führen, die ein unlösbar erscheinendes unerträgliches Problem auf einmal in ein anderes Licht stellt.

Es gibt Therapeuten und Therapierichtungen, die sich bei der Arbeit an den Kindheitsproblemen auf ihre Theorien verlassen und die Gegenwart bewusst ignorieren. Es ist im Rahmen dieses Buches nicht notwendig und sinnvoll, Diskussionen über Psychotheorien zu führen. Es gibt keine Theorie, die Ihr Problem haargenau erfasst. Theorien sind nur Hilfen, um die Wirklichkeit und einen konkreten Menschen zu verstehen. Es gibt auch keinen Maßstab, wie viel und in welcher Weise über die Kindheit oder über die Gegenwart gesprochen werden sollte. Entscheidend ist nur, dass es Ihnen durch die Arbeit an den Kindheitserinnerungen jetzt besser gehen soll. Sie können von Ihrem Therapeuten erwarten, dass er sich ebenfalls daran orientiert und seine Vorgehensweise nicht nur mit Theorien begründet. Natürlich wird jeder Therapeut sagen, dass er nur auf Ihre Besserung hinarbeitet. Aber es reicht nicht, dass er es behauptet, sondern es muss für Sie erkennbar und spürbar sein, dass die Auseinandersetzung mit der Kindheit Ihnen hilft, und zwar nicht irgendwann in ferner Zukunft, sondern in einem für Sie überschaubaren und akzeptablen Zeitraum.

Manche Patienten haben jahrelang eine Therapie ohne fühlbare Veränderungen und Fortschritte mitgemacht allein aus der Hoffnung heraus, dass sich irgendwann alles zum Guten wendet. Diese Hoffnung wird sich nicht erfüllen, solange nicht die Verbindung zwischen der kindlichen Konditionierung und den aktuellen Lebensproblemen aufgeklärt ist.

Eine gute Psychotherapie hilft Ihnen, sich von negativen Auswirkungen der Kindheit, von den Erinnerungen und von der damit verbundenen Angst, es könnte sich wiederholen, zu befreien, so dass Sie eine Verbesserung Ihrer konkreten Lebensprobleme und damit eine Erhöhung der Lebensqualität in der Gegenwart erleben.

7.3 Wie viel Arbeit an der Kindheit ist notwendig?

Die therapeutische Arbeit an bestimmten Kindheitserinnerungen darf nicht ein Fass ohne Boden sein, sondern erfordert eine Perspektive, die dieses Thema auch zum Abschluss bringt.

Der Sinn des Gesprächs über die Kindheit liegt wie der Sinn jeder anderen therapeutischen Arbeit darin, dass Sie in Ihrem jetzigen Leben zufriedener sind. Unsere Erfahrungen in der Kindheit sind so vielfältig, dass man in einer Therapie unendlich lange darüber reden könnte. Wenn der Bezug zur Gegenwart, welche Bedeutung ein bestimmtes Kindheitsthema heute für Sie hat, nicht ausreichend in der Therapie beachtet wird oder gar ganz verloren geht, kann die Therapie zur unendlichen Geschichte werden, ohne dass sich Ihr Befinden positiv verändert. Immer wieder über schlimme Erfahrungen zu reden, führt zu keinem Wohlbefinden, sondern im Gegenteil, es aktiviert immer wieder negative Gefühle und hält sie dadurch aufrecht.

Aber wie viel Kindheitsarbeit ist dann sinnvoll? Oder sollte man es nicht ganz sein lassen, sich mit den alten negativen Erfahrungen zu beschäftigen, mag sich mancher jetzt fragen. Um diese Fragen zu beantworten, müssen wir über den Mechanismus sprechen, auf welche Weise schlimme Erfahrungen aus der Vergangenheit unser gegenwärtiges Leben beeinträchtigen.

Durch negative Erfahrungen werden wir konditioniert, d.h. in uns entsteht ein automatischer Mechanismus, etwas Ähnliches zu vermeiden. Wenn wir in einer Lebenssituation sind, in der wir an vergangenes Leiden erinnert werden, spüren wir die Angst, dass wir wieder leiden könnten. Wir versuchen, dies zu verhindern und verhalten uns entsprechend. Dabei kann unsere Angst so groß werden, dass wir uns mehr damit beschäftigen als mit der gegenwärtigen Situation. Wir können gar nicht mehr normal oder intelligent auf die aktuelle Situation reagieren, weil wir von der Angst vor der Wiederholung früherer negativer Erfahrungen bestimmt werden. Wir alle kennen die Situationen, dass uns unser Verstand sehr eindeutig und klar sagt, was wir tun sollten, aber wir fühlen uns nicht in der Lage dazu, weil irgendetwas uns davon abhält. Das sind in der Regel solche früheren Konditionierungen. Diesen Konditionierungen sind wir solange ausgeliefert, wie sie uns nicht bewusst sind, sondern automatisch ablaufen. Oft haben wir eine Ahnung oder sogar auch eine gewisse Vorstellung davon, wann diese Mechanismen entstanden sind. Aber solange wir die konkrete Konditionierung, die uns zu schaffen macht, nicht wirklich gründlich kennen, können wir uns daraus auch nicht lösen.

Die stärksten Konditionierungen entstehen in der Kindheit. Sie können aber auch bei schweren psychischen Traumatisierungen im Erwachsenenalter auftreten. Auch intensive positive Erfahrungen können zu problematischen Konditionierungen werden, nämlich dann, wenn jemand versucht, in seinem späteren Leben immer wieder diesen positiven Erfahrungen nachzujagen. Er kann sie aber nicht mehr erreichen, weil sich die Lebenssituation verändert hat. Wer dies aber nicht wahrhaben will, kann erhebliche psychische Probleme bekommen. Der Schönheits- und Jugendkult ist hier das typische Beispiel. Es tut nicht gut und verbreitet nur Angst, wenn man sein ganzes Leben lang immer jung aussehen will, weil wir das unausweichliche Altern dann nur als etwas Schreckliches erleben.

Sowohl negative als auch positive Konditionierungen aus der Vergangenheit, also unser Bemühen, sowohl negative Erfahrungen künftig zu vermeiden als auch positive Erlebnisse wiederholen zu wollen, können dann unser gegenwärtiges Leben belasten, wenn sie automatisch ablaufen und uns nicht richtig bewusst sind und zu irrationalem Verhalten führen.

So kann die Drohung der Mutter dem Kind gegenüber, dass sie weggeht, wenn das Kind nicht ihren Wünschen folgt, dazu führen, dass auch das erwachsen gewordene Kind aus unbewusster, damals konditionierter Angst vor dem Verlassenwerden sich nicht traut, das eigene Leben zu leben. Der Erwachsene tut immer noch das, was seine Mutter von ihm will, und wundert sich über sein schlechtes Gewissen, wenn er etwas macht, was er gern tun möchte, was aber seine Mutter nicht will.

Eine erfolgreiche Therapie hilft nun, sich aus diesen alten Konditionierungen zu lösen, um in der Gegenwart gute und sinnvolle Entscheidungen für ein befriedigenderes Leben treffen zu können. Auch wenn vielleicht die therapeutischen Begriffe andere sind und Ihr Therapeut den Begriff »Konditionierung« nicht gebraucht, so geht es doch in jeder Therapie, die sich mit der Kindheit beschäftigt, darum, sich aus alten Mechanismen zu lösen, um heute befriedigender leben zu können.

Die Gründe für das Hochkommen von belastenden Kindheitserinnerungen liegen in der Gegenwart, und deshalb muss die Therapie auch so angelegt sein, dass das Kindheitsthema mit seiner Bedeutung für die Gegenwart auch abgeschlossen werden kann.

7.4 Die Kindheit – eine unendliche Geschichte in der Therapie?

Wenn Ihnen das Thema »Kindheit« in der Therapie zu lange behandelt wird, sprechen Sie Ihren Therapeuten darauf an, um zu klären, ob er gute Gründe dafür hat oder nicht.

Manchmal vertreten Patienten, aber auch Therapeuten die Auffassung, dass ein Mensch erst dann seelisch gesund ist, wenn »die ganze Kindheit aufgearbeitet ist« und machen so aus der Arbeit über die Kindheit eine unendliche Geschichte. Wenn Ihnen das Spaß macht, können Sie es gern tun. Aber wenn Sie interessantere Dinge in Ihrem Leben tun möchten, als ewig über die Kindheit zu reden, dann sollten Sie sich nicht von dem Trugbild der perfekt aufgearbeiteten Vergangenheit verführen lassen. Die gibt es nämlich nicht, weil unser aktuelles Leben immer weiter voranschreitet und allein dadurch immer neue Erfahrungen abgespeichert und zu »alten« Erinnerungen werden. Und wie soll alles, was Sie in 10 bis 20 Jahren erlebt haben, innerhalb einer begrenzten Stundenzahl besprochen und geklärt werden?

Es kann aber auch sein, dass der Therapeut, der aus der Kindheit eine unendliche Geschichte macht, gar kein Anhänger der Theorie von der perfekt aufgearbeiteten Kindheit ist, sondern dass er schlicht und einfach nicht weiterkommt. Er ahnt, dass Sie durch unbewusste Konditionierungen beeinträchtigt sind, schafft es aber nicht, diesen wirklich so auf den Grund zu gehen, dass Sie sich daraus lösen können. Er stochert praktisch im Nebel herum. Wenn Ihr Therapeut dabei ähnlichen Konditionierungen unterliegt, kann er Ihnen auch nicht helfen. Solange der Therapeut z.B. sich selbst mit einer unbefriedigenden Partnerschaft abfindet, weil er aus Angst vor einer möglichen Trennung die Beziehungsprobleme vor sich herschiebt, wird es ihm auch schwer fallen, seinen Patienten zu helfen und Ihnen Mut zu machen, konsequent und ehrlich partnerschaftliche Probleme anzugehen.

Wenn ich in der Therapie über mehrere Stunden das Gefühl habe, ich komme in meinem Verständnis des Problems des Patienten nicht voran, dann spreche ich mit meinem Patienten darüber. Es ist manchmal gut, wenn die Patienten merken, dass der Therapeut den Weg auch nicht kennt und ihn erst noch finden muss, weil sie dann selbst mehr Verantwortung übernehmen und anfangen, über Dinge zu sprechen, die sie bis dahin noch zurückgehalten haben. Aber es kann manchmal auch sein, dass kindliche oder auch spätere Konditionierungen unentdeckt bleiben und der Patient mit seinem Problem nicht weiterkommt. Dann sollten Therapeut und Patient zusammen entscheiden, ob nicht dieses Thema erst einmal zur Seite gelegt werden sollte. Manchmal lösen sich Probleme nämlich erst dann auf, wenn andere Themen vorher bearbeitet worden sind. Ich nenne diesen Schritt in der Therapie: das Problem in ein »Zwischenlager« legen. Die Assoziation vom atomaren Zwischenlager für noch nicht endgültig zu entsorgenden Atommüll ist dabei von mir gewollt. Wir hoffen, dass wir später das Zwischenlager auflösen können, wissen dies aber jetzt noch nicht genau. Aber wir verdrängen jetzt das Problem nicht mehr, sondern sind uns dessen bewusst. Sie als Patient spüren am verlässlichsten, ob ein ungelöstes Problem in ein Zwischenlager gelegt werden kann oder ob die Therapie mit diesem Therapeuten keinen Sinn mehr macht. (Kap. 11.1)

Wenn Sie Zweifel bekommen, ob das Reden über die Kindheit in der Therapie Sie noch weiterbringt, sollten Sie diese Zweifel in der Therapie ansprechen. Sie können z.B. sagen: »Ich weiß nicht, ob das Reden über die

Kindheit mich noch weiterbringt. Können Sie mir bitte erklären, auf welche Weise es mir dadurch besser gehen soll?« Natürlich wird kein Therapeut sagen, dass er »unendlich lange« über die Kindheit mit Ihnen reden will. Aber wenn er Ihnen sein Therapiekonzept erklärt, können Sie überprüfen, ob es für Sie akzeptabel ist. Außerdem werden Sie bemerken, ob die guten Ideen des Therapeuten auch in der Therapie umgesetzt werden. Auf diese Weise erhalten Sie Klarheit, ob Ihr Therapeut ein Fan der unendlichen Kindheitsgeschichten ist oder ob er im Moment nur selbst noch im Unklaren ist. So können Sie gemeinsam feststellen, ob die Kindheitsgespräche Sie weiterbringen.

Wenn also Ihr Therapeut meint, es sei notwendig, so tief und so lange über die Kindheit zu sprechen, sollte er Ihnen auch darlegen können, auf welche Weise und in welchem Zeitraum nach seiner gegenwärtigen Einschätzung dieses Thema bearbeitet und abgeschlossen werden kann.

7.5 In jeder Kindheit gibt es Freud *und* Leid

Die Arbeit an der Kindheit darf nicht nur das Leid und die Mängel umfassen, sondern muss auch Ihre damals gewonnenen Fähigkeiten und Ihre kindliche Lebensfreude wertschätzen.

Wenn Menschen über ihre eigene Kindheit sprechen und eine allgemeine Beurteilung darüber abgeben, ist eine ausgeprägte Neigung festzustellen, die Kindheit entweder positiv oder negativ zu sehen. Eine differenzierte

Sichtweise, die gute und schlechte Erfahrungen einbezieht, ist anscheinend eher schwierig zu bekommen. Sie können sich die Frage stellen, ob dies auch für Sie zutrifft. In Wirklichkeit haben aber alle Menschen positive und negative Erfahrungen gesammelt, bei nur negativen Erfahrungen kann man gar nicht überleben.

Ein wichtiger Grund für unsere Neigung zu einer einseitigen Sicht ist sicherlich, dass wir neue Erfahrungen anhand unserer bisherigen Meinungen bewerten. Deshalb halten wir leicht an einer einmal eingeschlagenen Beurteilung fest und sehen die neuen Erfahrungen lieber unter dem Gesichtspunkt, unsere Meinung zu bestätigen als sie in Frage zu stellen. Und wenn man dann auf einer positiven oder negativen Schiene eingefahren ist, bestätigt man sich selbst darin und die einseitige Sicht verfestigt sich.

Die Psychotherapie soll auch helfen, dass Sie sich aus festgefahrenen Sichtweisen lösen und alle Seiten eines Problems betrachten, um zu einer realitätsangemessenen, möglichst guten Bewältigung zu kommen. Bezogen auf die therapeutische Arbeit mit der Kindheit bedeutet dies, dass Sie die positiven und negativen Erfahrungen gleichermaßen wahrnehmen müssen. Es ist ein Hindernis für ein gesundes Leben, wenn Menschen ihre Kindheit durch eine rosarote Brille sehen oder sie nur tiefschwarz wahrnehmen. Diese Sichtweisen lassen einen Teil der Erfahrungen, die in der Kindheit gesammelt wurden, außer acht und sind nur die Bestätigung eines Vorurteils über die eigene Kindheit.

● Kinder orientieren sich vor allem an den Eltern.

Das geschönte Vorurteil über die Kindheit entsteht meistens durch die Übernahme der Sicht der Eltern. »Du hattest es doch gut bei uns«, wird gesagt und unterschwellig mit Liebesentzug gedroht, wenn man »die Eltern schlecht macht«. Sehr viele Menschen haben durch diesen Mechanismus als Erwachsene bis ins hohe Alter hinein sofort Schuldgefühle, sobald sie auch nur die geringste Kritik an ihren Eltern üben, sogar über deren Tod hinaus.

Die gegenteilige einseitige Sicht über die schlimme Kindheit kommt oft dann zustande, wenn Menschen sich von dem beschönigenden Urteil ihrer Eltern nur in der Weise lösen konnten, dass sie nur noch das Negative in der Kindheit sehen können.

Es gibt keinen Zweifel, dass viele Kinder sehr schlimme Dinge erlebt haben. Unvermeidliche Schicksalsschläge wie der Verlust eines oder sogar beider Elternteile können sehr traumatisierend sein, wenn niemand da ist, der ihnen hilft, damit fertig zu werden. Auch andere schwierige Lebensumstände, Arbeitslosigkeit und finanzielle Not oder eine Überforderung der Eltern beeinflussen die Entwicklung eines Kindes nachhaltig. Die Grausamkeiten, die Eltern ihren Kindern zufügen können, sind unvorstellbar, von körperlichen Misshandlungen und raffinierten psychischen Unterdrückungsmaßnahmen, damit die Kinder dem Willen der Eltern gefügig sind, bis hin zu sexuellem Missbrauch. Aber auch die den Eltern gar nicht bewussten Ungerechtigkeiten und Gemeinheiten z.B. bei einer Ungleichbehandlung der Geschwister können das Leben eines Kindes erheblich belasten. Oftmals handeln die Eltern im Glauben, das Beste für ihre Kinder zu wollen, haben aber selbst so schräge Vorstellungen davon, was für ein Kind gut ist, dass »ihr Bestes für die Kinder« auf Kosten des Selbstwertgefühls der Kinder geht.

Wenn auch die Eltern die wichtigsten Bezugspersonen eines Kindes sind, so können doch auch andere Menschen, Geschwister, Großeltern, Lehrer für ein Kind zu einer wirklichen Not und Plage werden. Man kann davon ausgehen, dass es kaum Menschen gibt, die in ihrer Kindheit keinen ernsthaften Belastungen ausgesetzt waren. Und wenn sie wirklich rundherum wohlbehütet waren, kann genau diese Tatsache im späteren Leben zu Problemen führen, weil die Betreffenden noch nicht gelernt haben, sich mit Problemen des Lebens herumzuschlagen.

Wir haben viel gelernt in unserer Kindheit.

Ihre Kindheit bestand nicht nur aus all den schönen und schlimmen Dingen, die Sie erlebt und erfahren haben. Ein wichtiger Punkt für die therapeutische Arbeit an der Kindheit besteht in der Erkenntnis, dass die Kindheit auch ein riesiger Lernprozess war. Sie haben gelernt, auf alles, was Ihnen widerfahren ist, Ihre eigene Antwort zu geben. Kinder sind keine Automaten, die von den Erwachsenen beliebig bedient werden können. Als Kinder lernen wir, uns auch unter schwierigen Umständen am Leben zu erhalten und unser Leben so gut wie möglich zu leben.

Der Spielraum, in dem ein Kind sich bewegen kann, mag extrem eingeengt sein, trotzdem sucht jedes Kind seine für sich beste Antwort auf diese Situation. Das Prinzip, nach dem jedes Lebewesen funktioniert, können auch Eltern nicht außer Kraft setzen. Sie können das Kind einengen, aber nicht vollständig beherrschen. Es ist von außerordentlicher Wichtigkeit bei der therapeutischen Arbeit mit der Kindheit, dass Ihnen dies in der Therapie bewusst wird.

Wenn Sie herausfinden, dass Sie auch schon als Kind gerade in der Auseinandersetzung mit schweren Lebensumständen einen eigenen Willen hatten, eigene Vorstellungen und ein naturgegebenes Selbstwertgefühl, ein tieferes Wissen um Ihre Menschenwürde, werden Sie Ihre Probleme, die Sie in die Therapie geführt haben, wesentlich zuversichtlicher und klüger angehen können. Dieses Wiederfinden des eigenen Selbstwertes erfolgt gerade in der Auseinandersetzung mit dem Schmerz, der Ihnen als Kind, egal ob bewusst oder unabsichtlich, zugefügt wurde oder den Sie schicksalsmäßig erlitten hatten.

Dabei spürt man vielleicht in einigen Sitzungen mehr den Schmerz und noch keine Erleichterung. Die meisten Menschen merken, ob ein Schmerz hilfreich und klärend ist oder ob er sich einfach nur immer wiederholt, weil in den seelischen Wunden herumgestochert wird.

- **Die Würde des Kindes wird in der Therapie wiedergefunden.**

Es reicht nicht aus, nur zu sagen, die Würde des Menschen, Ihre Würde, ist unantastbar. Sondern in einem guten Therapieprozess lernen Sie durch das richtige Verständnis der konkreten Verletzungen, die Ihnen zugefügt wurden, dass Sie Ihre Würde, Ihren Wert unzerstörbar in sich tragen, sonst hätten Sie sich gar nicht verletzt und erniedrigt fühlen können und Sie hätten gar nicht daran leiden können.

Besonders Menschen, die zutiefst verletzt wurden, benötigen zu Ihrer Heilung die Wiederentdeckung des eigenen Wertes und der eigenen Würde in den verschütteten Tiefen des eigenen Selbst. Für diesen Abschnitt einer Therapie ist mir der Begriff »Goldtherapie« eingefallen. Er verdeutlicht, dass jeder Mensch dieses Gold des eigenen Wertes in sich trägt, dass sich darüber aber soviel Unrat an schlechten Erfahrungen angesammelt haben kann, dass wir es manchmal nicht mehr erkennen.

Viele Kinder machen sich auch unbewusst klein, schäbig und wertlos, sie verstecken damit geradezu ihr »Gold«, weil sie gemerkt haben, dass ihre Eltern nur negativ darauf reagieren, wenn sie Selbstvertrauen und einen gesunden Stolz zeigen. Unter solchen bedrohlichen Umständen ist es gar nicht so dumm, wenn Sie sich als Kind selbstunsicher gegenüber den Eltern gegeben haben. Wenn Sie als Erwachsener unbewusst, gelenkt durch einen »automatischen« Sicherheitsmechanismus, die Selbstunsicherheit beibehalten, werden Sie solange selbstunsicher bleiben, bis Ihnen richtig bewusst wird, wozu Sie dieses Verhalten gelernt haben. Erst dann werden Sie frei, in einer neuen Lebenssituation nicht mehr automatisch zu reagieren, sondern das zu tun, was Ihnen in dieser Situation angemessen erscheint, ohne diese Art von Selbstzweifeln, die aus den alten Kindheitsmechanismen stammen.

Das ungesunde Schwarz-Weiß-Denken über die Kindheit

Solange Sie der Schwarz-Weiß-Sichtweise verhaftet sind, werden Sie mehr oder weniger große Probleme in der Bewältigung Ihres Lebens bekommen. Wenn Sie auf Ihre »kaputte Kindheit« fixiert sind, unterschätzen Sie Ihre positiven Kräfte und Lebenserfahrungen oder sehen Sie gar nicht. Wenn Sie an dem Ideal von einer »heilen Kindheit« festhalten, um bloß nicht in die Rolle eines kaputten Menschen zu kommen, setzen Sie sich mit tatsächlich bestehenden Problemen, die Sie an negative Erfahrungen der Kindheit erinnern könnten, nicht auseinander und können durch das Vor-Sich-Herschieben von Problemen psychisch krank werden. Wenn das geschieht, wechseln Sie womöglich die Seiten und halten sich fortan für einen kaputten Typen.

Die Arbeit an den Erinnerungen aus der Kindheit in der Psychotherapie zielt also darauf hin, dass Sie Ihre negativen Erfahrungen nicht mehr verdrängen, positive Erfahrungen wertschätzen und sich schließlich Ihres eigenen Wertes bewusst werden. Mit dem richtigen Verständnis der Mechanismen, die bis heute ein vernünftigeres Verhalten behindert haben, und mit einem größeren Selbstwertgefühl können Sie jetzt die Probleme des Lebens, die Sie in die Therapie geführt haben, wesentlich erfolgreicher bewältigen.

Nun gibt es aber auch Psychotherapeuten, die ebenfalls bewusst oder unbewusst der Auffassung folgen, dass die Kindheit entweder gut oder schlecht war. Und für ihre Patienten unterstellen sie dann wie selbstverständlich das Letztere. Die dazugehörigen psychologischen Theorien besagen, vereinfacht ausgedrückt, dass man bei einer guten Kindheit und bei einer guten Verarbeitung der Kindheit keine psychischen Probleme im späteren Leben bekommt. Daraus wird der simple Rückschluss gezogen, dass ein Mensch mit seelischen Problemen eine schlechte Kindheit oder eine Fehlverarbeitung gehabt haben muss.

Diese inzwischen weit in der Bevölkerung verbreitete Sichtweise, die den psychoanalytischen Theorien von Sigmund Freud entstammt, hat fatale Konsequenzen. Denn wenn ein dem Schwarz-Weiß-Denken verhafteter Patient auch noch an einen Therapeuten gerät, der ebenfalls dieses Schwarz-Weiß-Denken vertritt, kann man schon eine lange Patientenkarriere im großen gemeinsamen Warum-Sumpf (Kap. 6.3) und mit höchst zweifelhaftem Erfolg vorhersagen. Der Warum-Sumpf besteht dann darin, die psychischen Probleme des Lebens aus den negativen Erfahrungen und Verarbeitungen der Kindheit erklären zu wollen. Es entsteht ein ungesunder Therapieprozess, in dem der Schlüssel zum Wohlbefinden, die Entdeckung des eigenen Selbstwertgefühls und die Leistung des Kindes, trotz manchmal extrem schwieriger Situationen zu überleben, nicht mehr in den Mittelpunkt gestellt wird. Die Suche nach Problemlösungen erstickt im Reden über schlechte Erfahrungen in dieser unendlichen Geschichte.

Nun wird jeder Therapeut sagen, dass er eine gute Bewältigung Ihrer Probleme im Auge hat und nicht nur sinnlos über negative Erfahrungen reden will. Er wird für diese Absicht auch entsprechende Theorien und Begründungen darlegen können.

Aber Theorien und Absichtserklärungen auch von Therapeuten sind keine Garantie, dass in der Therapie auch immer das passiert, was beabsichtigt ist und was die Theorie vorsieht. Aber wenn Sie die Erwartung haben, dass die Arbeit an der Kindheit letztlich dazu dienen soll, Ihr Selbstwertgefühl aufzubauen oder wiederherzustellen, können Sie während des Therapieprozesses merken, ob die Therapie tatsächlich auf dieses Ziel hinarbeitet oder nicht. Wenn Therapeuten ein negatives Bild vom Menschen im Allgemeinen und von Kindern im Besonderen haben, werden sie Ihre positiven und starken Seiten aus der Kindheit nicht besonders beachten und Ihnen bewusst machen. Dies können Sie als Patient auch ohne das ganze Fachwissen, über das der Therapeut verfügt, erkennen, wenn Sie sich erklären lassen, welches Konzept der Therapeut in der Arbeit mit der Kindheit vertritt. So können Sie ihn z.B. fragen: »Gibt es denn in meiner Kindheit auch etwas Positives, was mir bei meinen Problemen weiterhelfen könnte?« Oder: »Wie soll mir das helfen, wenn wir über meine Kindheit reden?« Wenn Sie dem Therapeuten solche Fragen stellen, werden Sie sehen, was er Ihnen darlegt und Sie werden merken, ob Sie dieses Konzept anspricht oder nicht.

In einer guten Therapie über Kindheitserfahrungen entdecken Sie, dass Sie auch als Kind schon über Stärken verfügten, und erfreuen sich an dem wiederentdeckten wachsenden Selbstwertgefühl.

8 Die anlagebedingte oder vererbte psychische Störung in der Psychotherapie

Wenn in Ihrer Therapie Symptome mit Ihren Erbanlagen erklärt werden, kann dies leicht in eine therapeutische Sackgasse führen.

Es ist ein uralter Streit, der heute auch in der Psychologie und in der Psychiatrie ausgetragen wird, ob mehr die Vererbung oder mehr das in der Auseinandersetzung mit der Umwelt Erworbene einen Menschen prägt. Und oft genug geht es dabei nicht um die Wahrheitsfindung, sondern um einen ideologischen Streit, um Rechthaberei und natürlich auch um wirtschaftliche Interessen, um Forschungsgelder und indirekt auch um die von den Krankenkassen finanzierten Therapien.

Innerhalb der Gesellschaft gibt es wechselnde Strömungen, die zur Erklärung von Problemen mal mehr die Umwelt und dann wieder einmal mehr die Erbanlagen für wichtiger halten. Diesen oberflächlichen Streit halte ich für unsinnig, weil in jedes menschliche Problem sowohl Erbanlagen als auch Lebenserfahrungen hineinspielen. Und bei der Bearbeitung eines Problems kommt es letztlich immer darauf an herauszufinden, welche Maßnahmen das Problem am besten lösen.

Bei Problemen, die aus der erlernten und erlebten persönlichen Lebensgeschichte entstanden sind, werden eher psychotherapeutische Maßnahmen für sinnvoll gehalten, während bei Problemen, die von Erbanlagen verursacht werden, von Medikamenten mehr Hilfe erwartet wird. Meistens geben Ärzte der Veranlagung eine wesentlich größere Bedeutung als Psychologen. Dies hängt damit zusammen, dass bei den körperlichen Funktionen die Rolle der Vererbung offensichtlicher erscheint als bei psychischen Aspekten. Und Ärzte, auch wenn sie Psychotherapeuten oder Psychiater sind, haben sich im Studium mit den Funktionen des Körpers beschäftigt und erst anschließend in der Psychotherapieausbildung mit der Psychologie. Diese unterschiedlichen Tendenzen von Ärzten und Psychologen darf man jedoch nicht verallgemeinern.

Für Sie kann es von Bedeutung sein, wie im Rahmen einer Behandlung von psychischen Problemen am besten mit dem Problem der Veranlagung umgegangen werden sollte, wenn dies bei Ihnen zu einem Thema wird. Während das Kapitel über die Bedeutung der Kindheit den Stellenwert der persönlichen Vergangenheit behandelt, geht es hier um die Bedeutung der Vergangenheit durch Abstammung, die sich im Erbgut niedergeschlagen hat. Dabei kann allerdings hier nicht auf die Genforschung und Gentherapie, die vermutlich sowohl berechtigte als auch falsche Hoffnungen für die Zukunft weckt, eingegangen werden. Denn wenn Sie heute eine Psychotherapie benötigen, hat die Gentherapie noch keine Bedeutung.

8.1 Veranlagung oder Umwelt?

Der vererbte und der erworbene Anteil an einer Gesundheitsstörung sind meist nicht voneinander zu trennen.

Es gibt praktisch keine psychische Störung, bei der nicht irgendeine wissenschaftliche Untersuchung die Bedeutung der Veranlagung nachgewiesen hat. Dies gilt besonders für Depressionen und Psychosen, aber auch für die

Alkoholabhängigkeit, Essstörungen und auch Angststörungen.

Dabei können Laien oft nicht unterscheiden zwischen echten Erbkrankheiten, die nach den Vererbungsgesetzen weitergegeben werden und in allen Generationen nach einem bestimmten festgelegten Muster nachgewiesen werden können, und Veranlagungen, die bei psychischen Erkrankungen lediglich eine gewisse Rolle spielen. Es geht im Folgenden nicht um die bekannten echten Erbkrankheiten, sondern nur um die zuletzt genannten Störungen und eine darin eventuell vorhandene Veranlagung, die in der Psychotherapie zur Sprache kommen kann.

Wenn über neue Forschungsergebnisse berichtet wird, dass Erbanlagen für diese oder jene Gesundheitsstörung von Bedeutung sind, so wird jedoch kaum exakt festgestellt, welcher genau abgrenzbare Anteil an der Störung durch die Vererbung erklärt werden kann, sondern es wird in der Regel einfach nur festgestellt, es sei auch vererbt.

- **Die Folgen von Veranlagung und die Folgen von Familientraditionen sind kaum zu unterscheiden.**

Wenn innerhalb einer Familie oder sogar über Generationen ein bestimmtes psychisches Problem, z. B. Depressionen oder Essstörungen gehäuft vorhanden sind, spricht dies keineswegs automatisch für eine entsprechende Vererbung, wie manche schlechten Studien unterstellen. Denn es ist nachgewiesen und es entspricht auch der Alltagserfahrung der Menschen, dass negative Verhaltensweisen von den Eltern auf die Kinder in ganz erheblichem Umfang durch familiäre Traditionen weitergegeben werden.

So wird ein Kind, das z. B. einen Selbstmordversuch der Mutter miterlebt hat, dadurch psychisch schwer traumatisiert. Wenn es keine Chance hatte, mit einer anderen liebenden Person, z. B. dem Vater oder der Großmutter, oder etwa im Rahmen einer Therapie das Trauma zu verarbeiten, empfindet es vermutlich ein tiefes Gefühl von Wertlosigkeit, das wie ein dunkler Schatten über seinem Leben liegt. Denn der Mutter war das Kind anscheinend nicht wichtig, sonst hätte sie nicht den Selbstmordversuch gemacht. Unabhängig von den tatsächlichen Gründen der Verzweiflung der Mutter empfindet das Kind es so. Dieses tiefsitzende Gefühl von Wertlosigkeit kann die Grundlage für spätere eigene Suizidversuche sein, die bei den eigenen Kindern denselben Effekt auslösen. Das alles hat mit biologischer Vererbung nichts zu tun, wird aber oft einfach so von Psychiatern interpretiert, wenn Depressionen und Suizidversuche in mehreren Generationen auftauchen.

Essgestörte übergewichtige Eltern geben ihr Fehlverhalten im Essen an ihre Kinder weiter. Einige sind seit über zwei, drei Generationen auffallend dick, und schon ist die Veranlagung schuld. Und auch wenn einige Familienmitglieder aus den negativen Erfahrungen mit der dickmachenden Ernährung gelernt haben und sich gesund ernähren, wird dieser Unterschied einfach mit den anderen Genen erklärt.

Es ließen sich noch sehr viele andere Beispiele anführen, die belegen, dass die Auswirkungen von Erbanlagen und die Weitergabe von Problemverhalten durch Familientraditionen nur schwer auseinander zu halten sind. Es bedarf schon ausgezeichneter wissenschaftlicher Studien, die beide Aspekte gut untersuchen, um den tatsächlich vererbten Anteil einschätzen zu können. Wie groß dieser Teil bei bestimmten psychischen Störungen tatsächlich ist, darüber gibt es keine eindeutigen wissenschaftlichen Erkenntnisse, da diese in den einzelnen Studien sich immer auf Durchschnittswerte und Wahrscheinlichkeiten einer mehr oder weniger großen Gruppe von Patienten stützen.

Mit den neueren Methoden der Hirnforschung erkennt man heutzutage immer klarer, dass das, was wir in unserem Leben persönlich gelernt haben, sich auch in der Struktur und der Biochemie des Gehirns und des Nervensystems niederschlägt. Gerade diese neuen Entdeckungen über die großen Veränderungen des Gehirns durch Speichern von Erfahrungen widerlegen die früheren Annahmen, die alle Unterschiede im Gehirn bei psychischen Störungen als vererbt interpretiert haben. Die in der Vergangenheit als vererbt angesehenen Stoffwechselstörungen im Gehirn können zusammen mit der psychischen Erkrankung nach heutiger Kenntnis durchaus erst aufgrund der seelischen Probleme entstanden sein.

Die Ursachen der Stoffwechselveränderungen im Gehirn sind wissenschaftlich noch lange nicht geklärt.

Dies hindert aber manche uninformierte Ärzte nicht daran, die inzwischen erheblich in Frage gestellte These der vererbten Stoffwechselstörung wie eine selbstverständliche Wahrheit weiter zu vertreten, als wäre die Aussage darüber so sicher wie die Auswertung eines EKGs oder von Laborwerten. Für Ihre Psychotherapie hilft es nicht weiter, dass bei Ihrem Krankheitsbild irgendwelche Veranlagungen vermutet werden können, da der unveränderliche Erbanteil beim einzelnen Menschen nicht wirklich zu unterscheiden ist von den veränderbaren psychologischen Aspekten.

Bei einem einzelnen Menschen und damit auch bei Ihnen als Patient können, sofern keine echte Erbkrankheit vorliegt, die vererbten und die erworbenen Anteile in der Psyche nicht mit Sicherheit erkannt und voneinander unterschieden werden.

8.2 Warum hat die Vererbung in der Psychotherapie überhaupt eine Bedeutung?

Der Aufhänger für das Thema »vererbte oder anlagebedingte psychische Störungen« in einer Therapie wird immer darin bestehen, dass Ihr Therapeut oder auch Sie an einem bestimmten Punkt auf Probleme stoßen, für die keine anderen Erklärungen gefunden werden.

Es betrifft in aller Regel kein Bagatellproblem, sondern eine tiefsitzende Problematik, wenn man anfängt darüber nachzudenken, ob nicht die Vererbung »schuld« sei. Gewissermaßen ist es also ein Problem, das nach einer Erklärung verlangt und angesichts dessen wir mit der Ungewissheit schlecht leben können. Diese Überlegungen werden also nicht angestellt, nachdem nachgewiesen wurde, dass eine ungünstige Veranlagung vorliegt. Sie kann ja, wie gesagt, im Einzelfall gar nicht bewiesen werden, wie es bei einer wirklichen Erbkrankheit möglich ist. Ausgangspunkt für den Verdacht auf eine vererbte Störung ist in der Regel die fehlende Alternative zur Lösung eines Problems, vielleicht auch, weil Angehörige ebenfalls davon betroffen sind.

In Wirklichkeit können aber anstelle der Veranlagung genauso gut andere, aber eben noch nicht bekannte Faktoren eine Rolle spielen. Es können erworbene, aber dennoch unbewusste Ursachen für das Problem vorliegen, die zum gegenwärtigen Zeitpunkt in der Therapie noch nicht gefunden worden sind. Vielleicht verfügt der Therapeut einfach nicht über das Wissen, mit diesem offenbar tiefer verborgenen seelischen Problem weiterzukommen, und vermutet deshalb die Ursache einfach in einer entsprechenden Veranlagung.

Ich habe als junger Therapeut in der Psychiatrie mit einer gewissen Unzufriedenheit akzeptieren müssen, dass, wenn der Psychiater eine endogene Depression diagnostizierte, eine Psychotherapie abgebrochen wurde mit der Begründung, dass sie anlagebedingt sei, eine medikamentöse Behandlung notwendig wäre und eine Psychotherapie hier nicht weiterhelfe. Es wurde damals auch befürchtet, eine Psychotherapie könnte schwer depressive Patienten zu sehr belasten. Dies ist heute nicht mehr so pauschal zu vertreten, da eine psychotherapeutische Behandlung von sogenannten endogenen Erkrankungen durch Therapeuten, die sich damit auskennen, möglich und sehr sinnvoll sein kann. Damals war das noch nicht so bekannt. (Kap. 9.5/10.2.1)

Machen Sie sich bewusst, bei welchem ungelösten Problem in der Therapie das Thema »Vererbung« zur Sprache kommt und was aus diesem Problem im weiteren Therapieverlauf geworden ist und welchen Einfluss das Thema »Vererbung« bekommen hat.

8.3 Sinnvoller Umgang mit dem Thema »Veranlagung« in der Therapie

Der Verdacht einer vererbten psychischen Störung muss in der Therapie sehr sorgfältig besprochen werden, wenn Sie dadurch verunsichert sind.

Angenommen, es taucht die Vermutung auf, dass eine Veranlagung zu Ihrem Problem beiträgt und Sie spüren ein leicht unangenehmes Gefühl bei dieser Überlegung. Teilen Sie dies dem Therapeuten mit, z.B. so: » Die Vorstellung, dass die Vererbung eine Rolle spielt, beunruhigt mich etwas. Erklären Sie mir bitte ganz genau, wie das zusammenhängt.« Ein gutes und konstruktives therapeutisches Vorgehen besteht darin, 1. dass Ihr Therapeut erklärt, dass bei Ihrem Problem Vererbung mit eine Rolle spielen **kann und** 2. dass er mit Ihnen darüber spricht, welche **konkreten** Gründe dafür sprechen, **und vor allem** 3. dass er Ihnen hilft, den Gedanken an eine mögliche erbliche Belastung zu bewältigen. Das muss noch etwas vertieft werden:

Zu 1.: Diese Aussage entspricht der Tatsache, dass Vererbung eine Rolle spielen **kann**. Es wird keine billige und bequeme Behauptung ausgesprochen, in dem das Ungeklärte einfach auf die Vererbung geschoben wird. Trotzdem kann der Hinweis auf eine mögliche Vererbung Sie entlasten, wenn in der Therapie ein bestimmtes Problem nicht oder noch nicht anders erklärbar ist und es Hinweise für eine entsprechende Veranlagung gibt. Es beugt auch einem sinnlosen Grübeln über die persönliche Vergangenheit vor. Insgesamt kann die Berücksichtigung einer möglichen Veranlagung einen erheblichen Druck von einem Patienten nehmen. Deshalb macht es auch Sinn, das Thema »Veranlagung« in einer Psychotherapie zu besprechen. Aber gleichzeitig darf es kein abschließendes endgültiges Urteil sein, dass Sie sich mit diesem Problem abfinden müssen. Wenn sich im weiteren Verlauf der Therapie oder irgendwann später in Ihrem Leben neue Erkenntnisse einstellen, werden sowohl Sie als auch Ihr Therapeut diese rascher nutzen können, als wenn durch eine simple verkürzte Vererbungstheorie neues Nachdenken für überflüssig erklärt wird.

Zu 2.: Wenn über die Vermutung eines erblichen Einflusses gesprochen wird, sollte dieser **so konkret wie möglich** benannt werden. Sie können dann zukünftig diesen Aspekt genauer beachten, ihn beobachten und ihn ggf. wieder in Frage stellen. Sie sammeln konkrete

Informationen, die überprüfbar und damit auch korrigierbar sind. Vor allem aber indem Sie das Unveränderliche, das Vererbte kennen lernen, werden Sie auch immer konstruktiver damit umgehen können. Jedenfalls ist es nicht so, dass Sie einem pauschalen Urteil über Ihre vererbten Anlagen hilflos ausgeliefert sind.

Zu 3.: Psychotherapie sollte Ihnen dabei helfen, die Überlegungen zur Vererbung gut in Ihr Bild von sich selbst und in Ihre Lebensvorstellungen zu integrieren, damit die Schlussfolgerungen, die Sie aus den Veranlagungsvermutungen ziehen, Sie psychisch aufbauen und nicht herunterziehen.

Wenn diese drei Punkte berücksichtigt wurden, ist das Thema Vererbung in der Therapie konstruktiv behandelt worden.

Bei einer solch sorgfältigen Vorgehensweise stellt sich meist heraus, dass das Gespräch über die Vererbung für die Therapie nur insoweit von Bedeutung ist, dass Sie sich mit einer anscheinend momentan unveränderlichen Symptomatik vorerst abfinden müssen. Die sachgerechte Diskussion der Veranlagungsproblematik in der Psychotherapie gibt keine schnellen und bequemen Antworten, sondern vertieft das Verständnis dessen, wie wir von Vererbung beeinflusst werden und wie wir damit am besten umgehen können.

Wenn Sie merken, dass Sie sich durch die Beschäftigung mit einer vermuteten vererbten Beeinträchtigung belasten, prüfen Sie, ob die genannten drei Punkte in Ihrer Therapie ausreichend Berücksichtigung gefunden haben und bringen Sie Ihre Unklarheiten dem Therapeuten gegenüber zur Sprache.

8.4 Das schnelle Urteil »Das ist vererbt.«

Es kann für manchen Therapeuten, aber auch für Sie ganz bequem sein, ungelöste Probleme ohne die notwendige Sorgfalt auf die Vererbung zu schieben. Das kann langfristig jedoch sehr negative Folgen haben.

Möglicherweise werden Sie die Erfahrung machen, dass Ihr Therapeut gar nicht so detailliert über das Thema »Veranlagung« sprechen will, sondern dass er ein schwieriges Thema einfach mit dem Verweis auf die Veranlagung abhaken möchte.

Wenn Ihr Therapeut als feststehende Tatsache ohne nähere Untersuchung des Sachverhalts behauptet, dass Ihre Veranlagung Ursache einer ansonsten nicht beeinflussbaren psychischen Beeinträchtigung sei, kann es sein, dass er in der Therapie nicht weiterkommt. Denn es gibt bei einem einzelnen Menschen immer nur Anhaltspunkte, aber keine Beweise dafür, dass bestimmte Beeinträchtigungen auch vererbt sein können.

Wichtig ist, über alle diesbezüglichen Eindrücke zu sprechen. Wenn die Vermutung des Therapeuten, dass bei Ihnen ein psychisches Problem vererbt sei, Sie belastet, können Sie ihn fragen: »Mich bedrückt Ihre Feststellung einer vererbten Anlage sehr. Wie soll ich denn jetzt damit fertig werden?« Dadurch zeigen Sie dem Therapeuten, dass er dieses Thema nicht schnell abhandeln kann, und vielleicht relativiert er dann selbst seine Aussage. Denn wie gesagt, die Aspekte, bei denen das Thema »Veranlagung« auftaucht, sind meist keine Nebensächlichkeiten. Mir sind einige Patienten bekannt, die von der Vererbungstheorie bei Depressionen, denen sie sich perspektivlos ausgeliefert fühlten, noch weiter heruntergezogen wurden, denen aber durch die noch einmal aufgenommene sorgfältige Analyse dieses oberflächlichen Urteils eine bedrückende Last genommen werden konnte.

Manche Therapeuten sind sich gar nicht bewusst, welche falschen Entwicklungen mit dem viel zu oberflächlichen Griff zur Vererbungstheorie ausgelöst werden können. Manchmal wäre es hilfreicher gewesen, Therapeuten hätten zu ihrem Patienten gesagt: »Ich weiß im Moment auch nicht weiter« (Kap. 4.3), anstatt sich an einer wackligen Veranlagungstheorie festzuhalten und dadurch die Suche nach anderen Lösungen nicht mehr fortzuführen.

Kritisch sollten Sie sein, wenn Ihnen mit der schnellen Begründung unabänderlicher Erbanlagen die Einnahme von Psychopharmaka als schnelle Lösung empfohlen wird (Kap. 10).

Vielleicht sind Sie mit dem Hinweis auf die Veranlagung ganz zufrieden und haben gar nicht das Bedürfnis, sich weiter damit auseinander zu setzen, weil sie es einfach als entlastend erleben. Das kann durchaus in Ordnung sein und keine weiteren Probleme mit sich bringen, wenn die Dinge tatsächlich nicht veränderbar sind.

Doch es kann bei einer anderen Sachlage irgendwann auch einmal zu einer sehr großen Last werden, wenn man Probleme einfach auf die Veranlagung schiebt. Dies trifft vor allem dann zu, wenn die Vererbungstheorie verhindert, dass Sie bestimmte Dinge in Ihrem Leben verändern, die doch veränderbar sind. Wenn Ihre Angehörigen oder Freunde, Ihre Ehefrau oder Ihre Kinder der Auffassung sind, dass Sie etwas in Ihrem Leben verändern sollten, und Sie sagen, das geht doch nicht, weil das alles ererbt ist, werden Ihre Probleme in der Familie womöglich immer größer. Wenn Sie notwendige Veränderungen nicht wahrhaben wollen und sich stattdessen hinter Ihrer »Veranlagung« verstecken nach dem Motto »ich bin nun mal so«, brauchen Sie sich nicht zu wundern, wenn nahestehende Personen sich irgendwann von Ihnen zurückziehen. Und dann nützt es Ihnen auch nichts, wenn Ihr Therapeut Sie in dieser Haltung bestärkt hat, weil ihm nichts Besseres eingefallen ist als der Rückzug auf die Veranlagung.

Die kurzfristige Erleichterung, die die Vererbungstheorie Ihnen manchmal bieten kann, wenn Sie anders nicht weiter wissen, muss nicht unbedingt, aber kann durchaus langfristig erhebliche Probleme machen. Dies sollten Sie bedenken.

9 Diagnosen in der Psychotherapie

Diagnosen sind in der Psychotherapie normalerweise eine sinnvolle Orientierungshilfe, aber sie können auch Fehleinschätzungen des Therapeuten begünstigen.

Durch das Erstellen einer Diagnose werden bestimmte psychische Probleme oder Symptome einem Krankheitsbild zugeordnet. Für die Kommunikation der Ärzte und Therapeuten untereinander und für die Überprüfung der Behandlungskosten durch die Krankenkasse sind Diagnosen im Gesundheitswesen zwingend erforderlich. Es gibt aber auch Argumente, die den Sinn von Diagnosen vor allem im psychischen Bereich generell in Frage stellen. Die Tatsache, dass die Erstellung einer Diagnose die Voraussetzung zur Übernahme der Kosten für jeden Kostenträger ist, egal ob gesetzliche oder private Krankenversicherung, Sozialamt, Berufsgenossenschaft oder eine andere Versicherung, erzwingt immer eine Diagnose. Nur wenn Sie persönlich die Kosten tragen, kann der Therapeut darauf verzichten, eine Diagnose nach den gängigen Einteilungen zu stellen. Aber auch dann benötigt er für sein Therapiekonzept eine diagnosenähnliche Problembeurteilung.

Für die Psychotherapeuten hat die Diagnose eine sehr unterschiedliche Bedeutung. Manche halten Diagnosen für völlig unsinnig und erstellen Sie nur, weil die Krankenkassen dies für die Kostenübernahme verlangen. Für andere ist die genaue Diagnose das Allerwichtigste, um eine erfolgreiche Therapie zu machen. Für die meisten Therapeuten wird der Stellenwert der Diagnose irgendwo zwischen diesen beiden Extremen liegen.

Oftmals meinen unterschiedliche Begriffe bei Diagnosen einen ganz ähnlichen oder fast denselben Sachverhalt, über den es sich für den Laien nicht zu diskutieren lohnt, z. B. ob man eine Dysthymie oder eine neurotische Depression hat. Es sind nur unterschiedliche Begriffe, einmal aus der neueren Internationalen Klassifikation von Krankheiten (ICD-10) und einmal aus der alten ICD-9. Und es gibt auch noch andere Klassifikationssysteme, die ein Therapeut benutzen kann.

9.1 Der Einfluss der Diagnose auf die Therapie

Diagnosen können hilfreich oder hinderlich im Therapieprozess sein, sie können aber auch recht bedeutungslos für die Therapie sein.

Jede Diagnose kann auch eine Fehldiagnose sein, das lässt sich nicht unterbinden. Therapeuten können eben auch irren. Deshalb ist es wichtig, dass ein Therapeut bereit ist, seine Diagnose auch in Frage stellen zu lassen. Das größte Problem, das Diagnosen in der Psychotherapie verursachen können, außer natürlich wenn sie falsch sind, besteht darin, dass eine Diagnose den Blickwinkel des Therapeuten einengen kann, so dass er andere Aspekte und neue Entwicklungen nicht oder nur zögerlich zur Kenntnis nimmt, wenn er ungern von der alten Sicht oder seiner einmal gestellten Diagnose abrückt. Das kann zur Folge haben, dass ein Therapeut aufgrund seiner einseitigen, überholten oder falschen Diagnose an einem nicht passenden Therapiekonzept festhält.

Ein weiteres Hindernis für eine erfolgreiche Therapie kann dann entstehen, wenn Therapeuten bestimmte Diagnosen und Erklärungskonzepte für psychische Beeinträchtigungen wie eine Art Freibrief behandeln, so als hätten sie für Probleme, mit denen sie in Wirklichkeit nicht zurechtkommen, eine Lösung, indem sie die »richtige« Diagnose stellen. So gibt es Theoriekonzepte, vor allem bei Persönlichkeitsstörungen und sogenannten endogenen Erkrankungen, die Therapeuten darin unterstützen, sich und auch Sie in falscher Sicherheit zu wiegen, indem wissenschaftlich klingende Diagnosen gestellt werden, die aber bei der Behandlung des Problems möglicherweise gar nicht weiterhelfen.

Negative Therapieeffekte entstehen nicht einfach durch die Diagnosen und die damit verbundenen Theorien, sondern wenn sie eine unangemessene Bedeutung in einer konkreten Therapie bekommen.

9.2 Die Außenwirkung der Diagnose

Diagnosen werden an den Kostenträger weitergegeben und sind damit offizieller Bestandteil Ihrer Krankenakten.

Wenn man beabsichtigt, weitere Kranken- oder Lebensversicherungen abzuschließen oder wenn man sich für Stellen bewerben möchte, bei denen Sie ein Gesundheitszeugnis vorlegen müssen, kann es schon sinnvoll sein, mit Ihrem Therapeuten über die Diagnose, die er dem Kostenträger weiterzugeben hat, zu sprechen. Denn wenn Sie gesundheitsbezogene Versicherungen abschließen wollen oder ein Gesundheitszeugnis benötigen, müssen Sie alle Ärzte und Institutionen von der Schweigepflicht entbinden, so dass alle jemals offiziell gestellten Diagnosen der bearbeitenden Stelle bekannt werden.

Die Therapeuten haben einen gewissen Spielraum bei der Erstellung der Diagnose, zum Beispiel, ob sie bei einem Alkoholproblem »nur« einen Missbrauch diagnostizieren oder schon eine Alkoholabhängigkeit. Die Diagnosegruppen der endogenen Depressionen, der Psychosen, der stoffgebundenen Abhängigkeiten (Sucht) und der Persönlichkeitsstörungen gehören sicherlich zu den schwerwiegenderen, während die Anpassungsstörungen eher als leichter einzuschätzen sind.

Aber die Diagnose muss auch begründet sein. Mit der Diagnose einer Anpassungsstörung wird sich vermutlich der Kostenantrag für eine mehrjährige Psychotherapie bei Ihrer Krankenkasse nicht begründen lassen. Hier können keine Gefälligkeitsdiagnosen gestellt werden. Jeder Therapeut hat seine eigene Einstellung, was die Genauigkeit einer Diagnose angeht. Und er wird nicht nur beachten, ob die Diagnose für die Krankenkasse glaubwürdig ist, sondern er hat auch sein persönliches Wertsystem für die Erstellung. Aber Ihr Therapeut sollte bereit sein, mit Ihnen über Ihre Diagnose zu reden und darauf einzugehen, wenn Sie sich Sorgen um diese Außenwirkung machen. Wenn Sie die Behandlung selbst bezahlen, muss nicht unbedingt eine offizielle Diagnose gestellt werden. Sollte die Außenwirkung der Diagnose für Sie von Bedeutung sein, sollten Sie das **vor** Beginn der Behandlung mit Ihrem Therapeuten klären.

9.3 Das Gespräch mit dem Therapeuten über Ihre Diagnose

Es kann aus verschiedenen Gründen sinnvoll sein, wenn Sie mit Ihrem Therapeuten über die Diagnose, die er Ihnen stellt, sprechen. Es gibt aber keinen Grund, dies unbedingt tun zu müssen.

Wenn es für Sie entsprechende Gründe gibt, fragen Sie Ihren Therapeuten nach der Diagnose. Wirft die Antwort des Therapeuten neue Fragen und Unsicherheiten auf, können Sie auch erwarten, dass Ihr Therapeut diese sorgfältig bespricht.

Es ist für Sie als Laie sehr schwierig oder gar nicht möglich, die richtige Diagnose für psychische Beschwerden und Symptome zu stellen. Sie können sich damit natürlich intensiv beschäftigen und Kenntnisse erwerben. Das Internet bietet dafür ja sehr viele Möglichkeiten. Ein Streit mit dem Therapeuten um die Diagnose wird Sie vermutlich nicht weiterbringen. Gemeinsame Überlegungen, in denen jeder seine spezielle Sicht einbringt, können dagegen schon Sinn machen.

Im Gespräch mit Ihrem Therapeuten über Ihre Diagnose sollten Sie sich bewusst machen, dass jeder von einem ganz anderen Blickwinkel aus darangeht. Man kann es an einem zugegebenermaßen simplen Beispiel erläutern: Der Automechaniker sieht die Störung im Auto anders, nämlich von der Ursache her, während für den Fahrer mehr die Folgen von Bedeutung sind. Beide treffen sich darin, dass das Auto wieder gut fahren soll. Die Diagnose des Fachmanns muss der Therapie, die Ihnen helfen soll, nützen. Denn mit der Diagnose macht Ihr Therapeut ja auch eine Aussage, welche Probleme er bei Ihnen für die wichtigsten hält. Und dies sind durchaus Überlegungen, die gemeinsam besprochen werden können.

Die meisten Therapeuten werden Ihr Interesse an der Diagnose und ihrer Auswirkung auf die Therapie positiv sehen. In einem solchen Gespräch kann manchmal auch herauskommen, dass die Sicht des Therapeuten einseitig oder in mancher Hinsicht sogar falsch ist und er vielleicht sogar die Diagnose ändert. Aber das Gespräch wird meistens dazu führen, dass Sie Ihr Problem und das Therapiekonzept des Therapeuten durch das Gespräch über die Diagnose genauer verstehen und dadurch in der Therapie zielstrebiger mitarbeiten. Wenn beide über die Diagnose bedeutsame unterschiedliche Auffassungen haben, sollte darüber gesprochen werden.

Nun gibt es auch Therapeuten, die sehr empfindlich reagieren, wenn ihre Diagnose in Frage gestellt wird. Sie reagieren schon auf vorsichtig geäußerte Zweifel ungefähr so wie ein Automechaniker, dem Sie sagen, er würde nichts von Autos verstehen. Wenn Sie eine solche Empfindlichkeit bei Ihrem Therapeuten feststellen, müssen Sie für sich klären, ob die Fragen zur Diagnose für Ihre Therapie von Bedeutung sind. Wenn dies nicht der Fall ist und Sie ansonsten gut mit Ihrem Therapeuten zurecht kommen, können Sie ihm vielleicht diese Schwäche nachsehen.

Wenn Fragen zur Diagnose aus Ihrer Sicht bedeutsam sind für die Therapie, sollten Sie Ihren Therapeuten darauf ansprechen, z. B.: »Ich möchte gern die Diagnose, die Sie gestellt haben, kennen. Ist das auch die Diagnose, die Sie der Krankenkasse weitergeben haben? Was bedeutet diese Diagnose für die Therapie?« Meistens werden Therapeuten diese Fragen ausführlich und gern beantworten. Vielleicht aber gibt es Gründe, weshalb er ungern über die Diagnose spricht, obwohl Sie es möchten. Diese können auch berechtigt sein, z. B. dass ihm die Diagnose noch unklar ist oder dass Sie mit der Frage nach der Diagnose unbewusst ablenken von einem gerade in der Therapie wichtigen anderen Thema.

Aber es kann im Einzelfall auch sein, dass Ihr Therapeut über die Diagnose nicht sprechen will, weil er sich nicht in die Karten schauen lassen will. Und wenn Sie den Eindruck haben, dass seine Zurückhaltung in einer für Sie wichtigen Frage nicht aus der Sorge um Ihre Therapie, sondern aus eigenen Unsicherheiten oder anderen, Ihnen nicht verständlichen Gründen herrührt, dann kann dies zu einem Konflikt mit dem Therapeuten führen und die Therapie möglicherweise in Frage stellen. (Kap. 4.4)

9.4 Die Persönlichkeitsstörungen

9.4.1 Zur Geschichte der Persönlichkeitsstörungen

Der Begriff »Psychopathie« ist der nicht mehr gebräuchliche Vorläufer der Diagnose »Persönlichkeitsstörung«.

Die Geschichte der Diagnose »Persönlichkeitsstörung« ist sehr interessant und auch zum Verständnis der heutigen Probleme der Patienten mit dieser Diagnose wichtig. Der Vorläufer für diese Diagnose war die »Psychopathie«. Als Psychopathen galten Menschen, bei denen keine geistigen oder körperlichen Erkrankungen festzustellen waren, die aber in ihrem Erleben und Verhalten, vor allem in ihrem Sozialverhalten, sehr auffällig waren. Und als weiteres entscheidendes Merkmal galt, dass sie als unfähig angesehen wurden, sich zu verändern, sie galten als in psychosozialer Hinsicht nicht lernfähig. Im 19. Jahrhundert war diese Diagnose noch ein gewisser Schutz für diese Menschen, da sie durch die Diagnose als Kranke nicht mehr allein aufgrund ihrer Andersartigkeit und ihrer fehlenden Anpassungsbereitschaft kriminalisiert wurden oder gar mit dem Teufel in Verbindung gebracht wurden.

Die Psychiater entwickeln in vielen wissenschaftlichen Auseinandersetzungen und unter Berücksichtigung der sich verändernden gesellschaftlichen Bedingungen immer wieder neue Einteilungen von psychischen Erkrankungen, die auch mit einer Veränderung der Diagnosen einhergehen. Im 20. Jahrhundert wurde der Begriff der Psychopathie fallen gelassen, weil er offenkundig diskriminierend wurde und auch therapeutisch keine Perspektive bot. Stattdessen wurde das Konzept der Persönlichkeitsstörungen entwickelt, das sich in zwei wesentlichen Punkten von der alten Psychopathie unterscheidet:

1. Man unterscheidet jetzt viele verschiedene Persönlichkeitsstörungen anstatt nur eine Psychopathie.
2. Es gibt wissenschaftlich untersuchte psychotherapeutische Konzepte zur Behandlung von Persönlichkeitsstörungen.

9.4.2 Es gibt viele verschiedene Persönlichkeitsstörungen

Die Persönlichkeitsstörungen sind ein wissenschaftlich höchst umstrittenes Phänomen.

Die gegenwärtig offizielle Klassifikation psychischer Störungen, die ICD-10 (die 10. Fassung der »**I**nternational **C**lassification of **D**iseases« der WHO – Weltgesundheitsorganisation der UNO), definiert 9 verschiedene Persönlichkeitsstörungen und hat einen Platz vorgesehen für »andere Persönlichkeitsstörungen«, bei denen weitere 6 Persönlichkeitsstörungen aufgeführt sind. In der wissenschaftlichen Literatur gibt es eine nicht mehr überschaubare Anzahl von Persönlichkeitsstörungen. Prof. Peter Fiedler von der Universität Heidelberg berichtet in seinem Buch, »Persönlichkeitsstörungen«, Weinheim 1994, dass er 187 verschiedene Persönlichkeitsstörungen zusammengetragen hat. Dieses Buch ist das bedeutendste wissenschaftliche Lehrbuch über Persönlichkeitsstörungen im deutschen Sprachraum. Fiedler kommt darin zu dem Schluss: »Aus all dem bis hier Niedergeschriebenen ergibt sich zwingend die Notwendigkeit zu extremer Vorsicht und Behutsamkeit, wenn man mit »Persönlichkeitsstörungen« als diagnostische und therapeutische Orientierung arbeitet.« Weiter spricht er in diesem Zusammenhang über »antiquierte Diagnostik im Wandel und im Übergang.« (S. 459)

Alle paar Jahre gerät eine andere Persönlichkeitsstörung in den Mittelpunkt der Aufmerksamkeit und wird besonders häufig diagnostiziert. Dies ist gegenwärtig die »Borderline-Persönlichkeitsstörung«, davor war die »Narzisstische Persönlichkeitsstörung« der Renner und ist es vor allem bei den Psychoanalytikern immer noch, auch die »abhängige Persönlichkeitsstörung« wurde eine Zeit lang sehr oft diagnostiziert.

Manche Therapeuten, die gern eine Persönlichkeitsstörung diagnostizieren, haben ihre Lieblingsdiagnose. Beschäftigte in der Psychiatrie haben oft erfahren, dass mit dem Wechsel von Chefärzten oder Oberärzten wieder andere Persönlichkeitsstörungen als Diagnosen bevorzugt werden. Manchmal taucht dadurch die Frage auf, ob die Diagnose einer bestimmten Persönlichkeitsstörung nicht mehr über die theoretischen Vorstellungen, das Behandlungskonzept und vielleicht sogar über die persönlichen Probleme des Psychologen oder des Arztes im Umgang mit Patienten aussagt als über den Patienten selbst.

Ich habe den Eindruck, dass in den letzten zehn bis fünfzehn Jahren immer häufiger Persönlichkeitsstörungen diagnostiziert werden. Es gibt Psychiater und auch Psychotherapeuten, die bei jedem zweiten Patienten in psychiatrischen Kliniken eine Persönlichkeitsstörung meinen feststellen zu können. Es gibt eine Fülle von Theorien über Persönlichkeitsstörungen im Allgemeinen und eine noch viel größere Fülle von Theorien über einzelne Persönlichkeitsstörungen, und es gibt natürlich auch noch den Streit unter den wissenschaftlichen Spezialisten der Persönlichkeitsstörungen. Dieses Thema wird hier von der praktischen Bedeutung her beleuchtet, die es für Sie als Patient mit einer solchen Diagnose hat.

Denn trotz der erheblichen Unklarheiten, Zweifel und Meinungsverschiedenheiten bei den Fachleuten über die Theorien und Behandlungskonzepte kann die Diagnose einer Persönlichkeitsstörung sehr reale und schwerwiegende Konsequenzen für Sie haben. Die große Bereitschaft mancher Therapeuten, sehr schnell eine Persönlichkeitsstörung festzustellen, ist ziemlich leichtfertig und kann auch beleidigend sein. Denn auch aus rechtlichen Gründen darf die Persönlichkeit eines Menschen nur unter strengen Voraussetzungen als krankhaft bezeichnet werden, ansonsten verstößt diese Diagnose gegen die Würde des Menschen. Deshalb gibt es auch schon Prozesse von Patienten gegen die leichtfertige Diagnose einer Persönlichkeitsstörung. Mit dieser Diagnose sind bei vielen Fachleuten nach wie vor Merkmale der alten Psychopathie-Diagnose verbunden, nämlich die Vorstellung, dass Persönlichkeitsstörungen schwer zu behandeln sind und kaum jemals völlig beseitigt werden können. Diese Sichtweise der »Psychospezialisten« hat erhebliche Auswirkungen auf die psychotherapeutische und auch auf die psychiatrische Behandlung.

Es kann auch negative Konsequenzen für Sie haben, wenn eine solche schwerwiegende Diagnose Ihrer Krankenkasse mitgeteilt wird. Denn dass Sie eine schwere, vermutlich nicht völlig zu beseitigende psychische Erkrankung haben, wird damit zum Bestandteil Ihrer offiziellen Krankengeschichte. Die Konsequenzen, die Kranken- und Lebensversicherungen daraus ziehen, können für Sie eher unangenehm sein. Wenn Sie vorzeitig berentet werden müssen, kann die Diagnose einer Persönlichkeitsstörung hilfreich sein. Falls Sie in dieser Hinsicht Fragen haben, sollten Sie dies auch mit Ihrem Therapeuten besprechen.

Viele Therapeuten lehnen es ab, die Diagnose einer Persönlichkeitsstörung zu stellen und haben dafür verschiedene gute Gründe. Einige bezeichnen die mit dieser Diagnose verbundenen Auffälligkeiten als »Persönlichkeitsstil«, der genauso differenziert werden kann wie die Persönlichkeitsstörungen. Für die Therapie spielt es für viele Therapeuten keine Rolle, ob die Auffälligkeiten als »Persönlichkeitsstil« oder als »Persönlichkeitsstörung« bezeichnet werden. Aber es werden dadurch mögliche problematische Folgen der Diagnose »Persönlichkeitsstörung« vermieden.

Neben dieser schwer zu erfassenden Außenwirkung der Diagnose »Persönlichkeitsstörung« hat sie im Therapieprozess selbst eine Bedeutung. Und auch Sie werden sich vermutlich schon die Frage stellen, wodurch die Diagnose »Persönlichkeitsstörung« gerechtfertigt ist und welche Auswirkungen sie auf die Therapie hat.

Zwei Elemente sind besonders wichtig. Sie müssen auch nach den Kriterien der ICD-10 vorliegen, um die Diagnose »Persönlichkeitsstörung« begründen zu können:

1. Das gestörte Erlebens- und Verhaltensmuster muss so schwerwiegend sein, dass der Patient in seiner Lebensgestaltung erheblich und auf Dauer beeinträchtigt ist.
2. Die Störungen beginnen immer in der Kindheit oder Jugend und treten im Erwachsenenalter auf Dauer zu Tage.

9.4.3 Zur Ursache von Persönlichkeitsstörungen

Die seriöse Diagnose einer Persönlichkeitsstörung erfordert eine sorgfältige Auseinandersetzung mit ihrer Entstehung in der Kindheit.

»Die Persönlichkeitsstörung beginnt immer in der Kindheit oder Jugend«, das hört sich einfacher an, als es ist. Denn jedes Verhalten hat Wurzeln, die in die Kindheit zurückreichen. Auch wenn Sie z.B. als Erwachsener einen geliebten Menschen verlieren und damit nicht fertig werden, wenn also ein ganz aktuelles seelisches Trauma eintritt, spielen die Kindheitsängste vor dem Verlassenwerden eine wichtige Rolle in Ihrer Trauer. Wenn man es genauer betrachtet, greifen dann sogar noch ältere Mechanismen aus der Tradition der Eltern zum Thema Tod und Trauer und vermutlich sogar angeborene Mechanismen, die ja nichts anderes sind als das erlernte und in den Erbanlagen angesammelte Wissen unserer Vorfahren.

Aber das besonders Krankhafte aus der Kindheit oder der Jugend der sogenannten persönlichkeitsgestörten Menschen kann kaum unterschieden werden von den »normalen« negativen Erfahrungen. Theoretisch gesehen müssen die Erfahrungen besonders tiefgreifend und anhaltend gewesen sein, um eine Persönlichkeitsstörung hervorrufen zu können.

Alle von dem einzelnen Menschen gesammelten und von seinen Vorfahren ererbten negativen Erfahrungen können jederzeit, z.B. bei einem Trauerfall, einer Scheidung, bei Ärger im Betrieb, also zu irgendeinem Zeitpunkt im Leben eines Menschen aktiviert werden. Und so reagiert der eine mit einer Depression, der andere mit Arbeitswut und der Dritte sucht vielleicht die Flucht in aggressive Selbstzerstörung. Alle drei Reaktionen können erhebliche Probleme für die Gegenwart mit sich bringen und bauen auf früheren Erfahrungen auf.

Die Probleme, die wir haben, und das Leid, das wir empfinden, bestehen immer in der Gegenwart und müssen auch dort bewältigt werden. (Kap. 7) Dieser Tatsache tragen die Konzepte der Persönlichkeitsstörung insoweit Rechnung, als diese angebliche Kindheitsstörung erst im Erwachsenenalter wirksam und zur Krankheit wird. Allerdings ist es oftmals notwendig, dass wir uns in einer aktuellen Krise mit unserer Geschichte auseinandersetzen. Dies ist immer dann erforderlich, wenn wir durch unsere Erinnerungen und Konditionierungen immer wieder in unseren Gedanken und Gefühlen von der Vergangenheit eingeholt werden und uns daraus nicht lösen können.

Die Psychotherapeuten sehen den Zusammenhang zwischen dem Heute und der Kindheit aus dem Blickwinkel ihrer Erfahrung, ihrer Theorien und ihrer Therapieschulen, an denen sie ausgebildet wurden. Aber alle Therapieschulen gehen davon aus, dass Probleme, die ihre Wurzeln in der Kindheit haben, bewältigt werden können, sonst würde ja auch eine Psychotherapie gar keinen Sinn machen.

Für Sie als Patient mit einer Diagnose »Persönlichkeitsstörung« ist es jedoch wichtig zu wissen, dass Ihr Therapeut jedenfalls einen engen und außerordentlich wichtigen Zusammenhang zwischen Ihren aktuellen Problemen und Ihrer Kindheit sieht. Dies trifft zumindest dann zu, wenn er diese Diagnose mit Sorgfalt und nach den bestehenden international gültigen Regeln der ICD-10 gestellt hat. Manche Psychiater und Psychotherapeuten machen sich nicht die Mühe, den Zusammenhang zwischen den aktuellen Problemen und der Kindheit herauszufinden. Trotzdem stellen sie die Diagnose einer Persönlichkeitsstörung einfach aufgrund des Verhaltens eines Patienten und unterstellen, dass das auffällige Verhalten seine Ursachen in der Kindheit hat. Das Ergebnis solch unkorrekter Diagnostik ist fast zwangsläufig eine schlechte Therapie. Das mag für Sie im ersten Moment etwas bedrohlich klingen. Aber ist es nicht klüger zu klären, ob diese Probleme in Ihrer Therapie ein Thema sind, anstatt sie wegzuschieben und in der Therapie möglicherweise nicht weiterzukommen?

Die wichtige Frage, was veränderbar und was für Sie nicht veränderbar ist, auch in Ihrer Persönlichkeit, wird in einer schlechten Therapie einer angeblichen Persönlichkeitsstörung genauso wenig berücksichtigt wie die Fragen: Besteht denn die Persönlichkeit eines »persönlichkeitsgestörten« Menschen nur aus seiner Störung oder verfügt er auch über positive Anteile und Energien, seine Störungen aufzulösen? Wieweit spiegelt sich in den schwierigen Persönlichkeitsanteilen eines Menschen nicht auch eine sinnvolle Bewältigung einer sehr schwierigen Kindheitssituation wider? Wenn diese Fragen, die für das Therapiekonzept und den weiteren Verlauf sehr wichtig sind und damit letztlich über Erfolg oder Misserfolg der Therapie entscheiden, nicht berücksichtigt werden, läuft dies praktisch auf das Akzeptieren der unveränderbaren Persönlichkeit hinaus und macht eigentlich eine Therapie sinnlos, was jedoch nicht mit dem Patienten besprochen wird.

Ich möchte dies an einem Beispiel erläutern:

Ein Mensch, der in seinem Leben nie besonders auffällig auf irgendwelche Belastungen und gesundheitlichen Sorgen reagiert hat, entwickelt eine Panikstörung. Diese entsteht meistens auf der Grundlage einer aktuellen psychischen Belastungssituation, die dem Betreffenden nicht bewusst ist, die er verdrängt, weil sie für ihn zu bedrohlich ist. Viele Patienten erleben in der Panikattacke Todesangst. Es ist ein schlimmer traumatisierender Zustand, wenn man glaubt, dass man gleich stirbt. Er hat panische Angst, dass dieser Zustand sich wiederholt. Wenn er in dieser Verfassung in die Notaufnahme einer Psychiatrie kommt, kann es passieren, dass er wegen seines hysterischen Verhaltens als vermeintlich »histrionische Persönlichkeitsstörung« diagnostiziert wird. Denn wenn der Arzt ihm mitteilt, dass die Todesangst unbegründet ist, ihm ein Beruhigungsmittel gibt, der Patient aber trotzdem weiterhin extrem ängstlich und besorgt bleibt, dann erklärt mancher Therapeut das Verhalten mit der Persönlichkeit des Patienten. Da die Persönlichkeit nach herkömmlicher Auffassung in der Kindheit festgelegt wurde und das Verhalten des Patienten in der Klinik extrem auffallend und für die Beschäftigten sehr anstrengend sein kann, hat der Patient schon die Diagnose einer angeblichen »Persönlichkeitsstörung«. Es wird gar nicht mehr überprüft, ob das hysterische Verhalten des Patienten schon in der Kindheit angelegt wurde, wie die ICD-10 verlangt. Und diese Therapeuten haben nicht verstanden, was tatsächlich in einem Menschen mit einer Panikstörung vorgeht.

Nun wird es manchen Menschen egal sein, welchen Namen das Problem, welche Diagnose er bekommt, wenn nur die Behandlung selbst gut ist. Das mag bei anderen Diagnosen zutreffen. Die Diagnose einer Persönlichkeitsstörung birgt jedoch besondere Risiken, und zwar nicht nur wegen der Außenwirkung, wenn sie in den Akten und den Berichten an die Krankenkasse steht. Sondern sie beeinflusst auch die weitere Behandlung, wenn erst einmal eine Persönlichkeitsstörung festgestellt wurde. Und bei einem unzureichenden oder fehlenden Konzept für tiefsitzende Persönlichkeitsprobleme und ihre Wurzeln in der Kindheit kann sich die Therapie problematisch und manchmal sogar destruktiv für den Patienten gestalten.

9.4.4 Zur Behandlung von Persönlichkeitsstörungen

Wenn im Rahmen einer Psychotherapie die Diagnose einer »Persönlichkeitsstörung« gestellt wurde, sollte der Therapeut auch ein gutes Behandlungskonzept dafür haben.

Die Diagnose »Persönlichkeitsstörung« kann auch eine positive Orientierung in der Behandlung sein, wenn der Therapeut den Zusammenhang zwischen Ihren aktuellen Problemen und Ihren Entwicklungsbedingungen in der Kindheit sorgfältig untersucht hat und wenn er tatsächlich ein Konzept hat, wie er mit Ihrer speziellen Störung arbeiten will.

Ob dies in Ihrer Therapie zutrifft, können Sie, wenn Sie wollen, dadurch klären, dass Sie mit Ihrem Therapeuten über die Gründe für seine Diagnose und sein Therapiekonzept sprechen. Wenn ein Therapeut eine tragfähige positive Vorstellung von der Therapie hat und wenn der Patient diese kennen möchte, gibt es keine therapeutischen Gründe, nicht darüber zu sprechen. Er wird sich bemühen, es auch für Sie verständlich und annehmbar zu machen. Das ist manchmal nicht ganz einfach. Wenn Sie als Patient keine Kritik aushalten, sehr schnell depressiv oder aggressiv auf negativ besetzte Aussagen reagieren, kann es für den Therapeuten recht schwierig werden, mit Ihnen seine Beobachtungen und Überlegungen zu erörtern. Andererseits muss Ihr Therapeut sich sowieso bemühen, eine vertrauensvolle Beziehung herzustellen, damit auch über Ihre Empfindlichkeiten und Verletzlichkeiten gesprochen werden kann. Wenn der Therapeut aus Sorge vor Ihren Reaktionen bestimmten Themen auf Dauer aus dem Weg geht, werden Sie in dieser Therapie vermutlich keines Ihrer Probleme lösen.

Eine für die erfolgreiche Therapie einer Persönlichkeitsstörung notwendige selbstkritische, sensible und dialogfähige Sichtweise des Therapeuten ist nicht automatisch mit der Diagnose »Persönlichkeitsstörung« auch gewährleistet. Speziell die Diagnose einer Persönlichkeitsstörung erleichtert Therapeuten und verführt sie auch dazu, eigene Probleme, die er mit der Therapie hat, dem Patienten zuzuschieben.

Ich betone noch einmal, dass dies Ausnahmefälle sind. Wenn eine der Bedeutung dieser Diagnose angemessene Untersuchung der Entstehungsgeschichte erfolgt ist, wenn also diese Diagnose sehr sorgfältig gestellt wurde und wenn der Therapeut tatsächlich eine hilfreiche Vorstellung oder einen Plan zur Behandlung hat, ist gegen Diagnose und Behandlung einer Persönlichkeitsstörung nichts einzuwenden. Denn in diesen Fällen bemühen sich die Therapeuten auch um die besonderen Probleme, die sie zu dieser Diagnose veranlasst haben. In Fachkreisen wird darüber gestritten, ob dieselbe Behandlung nicht unter einem anderen Etikett, also einer anderen Diagnose, erfolgen sollte. Auch ich halte es für sinnvoller, wenn die Diagnose sich an dem Leiden, weshalb der Patient in die Behandlung kommt, orientiert und nicht die Krankheit in der Persönlichkeit gesucht wird. Für diese grundsätzliche Diskussion ist dieses Buch jedoch nicht geeignet.

Wenn zwei Menschen Kontakt miteinander haben und einer der beiden hält den anderen für sehr schwierig oder persönlichkeitsgestört, ist noch längst nicht ausgemacht, wer von beiden schwierig ist. Vielleicht ist es gerade derjenige, der den anderen für gestört hält. Und es ist sicher nicht nur eine Erfindung von besonders gestörten Patienten, wenn sie berichten, dass sie mit sehr merkwürdigen Psychologen, Psychiatern oder Psychotherapeuten zu tun hatten. Ich bin jedenfalls zu der Überzeugung gekommen, dass Menschen in diesen Berufsgruppen zwar nicht besonders problematisch sind, wie manche Leute behaupten. Aber sie sind auch nicht seelisch gesünder, normaler im Kontaktverhalten oder ehrlicher als die durchschnittliche Bevölkerung.

Und wenn z.B. ein in seinem eigenen Verhalten merkwürdiger Therapeut bei einem anderen Menschen eine Persönlichkeitsstörung feststellt, ist Vorsicht angebracht. Es kann nämlich sehr gut sein, dass er aufgrund der eigenen Grenzen und Schwierigkeiten im Umgang mit bestimmten Problemen eines Patienten seine Probleme dem Patienten als Persönlichkeitsstörung zuschiebt. Bei dem obigen Beispiel hat eben nicht der aktuell hysterisch wirkende Patient eine histrionische Persönlichkeit, sondern der Arzt/Psychologe erträgt diese große Angst des Patienten nicht, bzw. er hat keine tiefergehende Kenntnis von dem Zustand eines Menschen in Todesangst. Aber mit der Diagnose »Persönlichkeitsstörung« kann das Nichtwissen und Nichtverstehen gut vernebelt werden und das Selbstbild des Therapeuten, dass er alles im Griff habe, erhalten bleiben. Auf einer solchen Grundlage wird auch eine Therapie nichts Positives ergeben.

Die Diagnose »Persönlichkeitsstörung« kann einen Therapieerfolg auch dadurch behindern, dass es dem Therapeuten nicht auffällt oder ihn nicht nachdenklich macht, wenn sich der Zustand des Patienten nicht verbessert. Denn mit dieser Diagnose verbinden manche Therapeuten schon die Vorstellung, dass die Heilungschancen nicht sehr groß sind. Also kann der Therapeut mit seinem falschen Verständnis des Patienten lange herumdoktern, ohne dass sich etwas verändert und ohne dass er seine Arbeit selbstkritisch überprüft. Die Entschuldigung für den mangelnden Therapiefortschritt hat er mit der Diagnose schon in der Tasche.

Dieser Mechanismus erklärt auch, weshalb oftmals erst im Verlauf einer Therapie die Diagnose einer Persönlichkeitsstörung gestellt wird, nämlich dann, wenn das Therapiekonzept des Therapeuten nicht »anschlägt«. Wenn der Therapeut seine Therapie bei fehlenden Fortschritten nicht in Frage stellen kann oder sich nicht eingestehen kann, dass er einen Patienten nicht gut behandelt, bietet die Diagnose »Persönlichkeitsstörung« einen bequemen Ausweg. Deshalb taucht diese Diagnose sehr oft erstmals in einer Therapiekrise auf.

Jetzt werden die Liebhaber dieser Diagnose einwenden, dass der Patient doch tatsächlich eine Persönlichkeitsstörung haben kann und dass dies eben gerade in der therapeutischen Krise erkennbar wird. Das ist in der Tat richtig. Aber wie können nun der selbstkritische Therapeut oder der interessiert nachfragende Patient tatsächlich feststellen, ob der Therapeut überfordert ist oder sich irrt? Und ob er dies dem Patienten über die Diagnose zuschiebt oder ob er ein echtes tiefsitzendes, in der Kindheit verwurzeltes Problem des Patienten, aus dem dieser nicht so leicht herauskommt, vermutet oder gar erkannt hat? Diese Frage ist im Grunde genommen sehr einfach zu klären, nämlich indem der Therapeut mit dem Patienten die Diagnose und ihre therapeutischen Konsequenzen, mögen sie auch noch so schwierig oder vorläufig sein, bespricht, womit wir wieder bei der schon so oft erwähnten Notwendigkeit sind, Unklarheiten anzusprechen und zu klären.

Dieses »Besprechen« kann aber nicht nach dem Motto geschehen »lasst uns einfach mal darüber reden«. Denn der Therapeut benötigt eine gute Strategie, um über so außerordentlich sensible Aspekte wie mögliche Störungen in der Persönlichkeit zu sprechen. Hier aber unterscheiden sich die Therapeuten. Diejenigen, die in einer Persönlichkeitsstörung eine schwerwiegende, aber durchaus erfolgreich zu behandelnde Störung sehen und die Diagnose nicht oberflächlich gestellt haben, werden darüber auch mit ihrem Patienten sprechen können. Es gibt aber auch die Auffassung mancher Therapeuten, dass sie nicht mit dem Patienten über die Diagnose »Persönlichkeitsstörung« sprechen wollen. Das wird damit begründet, dass persönlichkeitsgestörte Patienten trotz therapeutischer Unterstützung gar keine Einsicht in ihre Störung gewinnen könnten. Diese Begründung lässt aber schwere Zweifel am Sinn einer Therapie von Persönlichkeitsstörungen aufkommen.

Manche Therapeuten erläutern zwar die Diagnose, lehnen es aber ab, sich mit den Fragen und Einwendungen der Patienten auseinander zu setzen. Auf diese Weise immunisieren sie sich gegen eine kritische Sicht, sie brauchen sich dann ihre eigenen Grenzen, Schwächen und Irrtümer nicht einzugestehen. Die »unsaubere« Diagnose einer Persönlichkeitsstörung scheint mir einer der häufigsten Auswege aus einem großen Therapieproblem oder einer Vertrauenskrise zwischen Patient und Therapeut dann zu sein, wenn der Therapeut sein Konzept nicht in Frage zu stellen vermag.

Meine auf persönlicher Beobachtung beruhende Vermutung ist, dass die Zunahme der Häufigkeit, mit der die Diagnose »Persönlichkeitsstörung« in den vergangenen zehn Jahren gestellt wird, auch damit zusammenhängt, dass viele Patienten ihren Therapeuten gegenüber selbstbewusster geworden und nicht mehr bereit sind, alles zu akzeptieren, was der Therapeut sagt. Das führt natürlich auch vermehrt zu ungelösten Konflikten für Therapeuten, die mit Kritik nicht gut umgehen können. Die dadurch entstehenden Interaktions- und Beziehungsstörungen in der Therapie werden dann des öfteren mit Hilfe der Diagnose »Persönlichkeitsstörung« den kritischen Patienten angelastet, sie werden dann mit Vorliebe als narzisstische Persönlichkeitsstörung bezeichnet, angeblich, weil sie sich selbst zu wichtig nehmen.

9.4.5 Eine Geschichte zur »Borderline-Persönlichkeitsstörung«

Bei der Vorbereitung eines Vortrags zu diesem Thema hatte ich plötzlich das Bild eines Pinguins vor mir und habe daraufhin meine Gedanken in eine Geschichte über Persönlichkeitsstörungen und Pinguine umgesetzt.

Gelegentlich verirren sich Pinguine in das Reich der Vögel der klimatisch gemäßigten Zonen. Dabei wurden sie früher von den anderen Vögeln ausgeschlossen und bekämpft wegen ihrer Fremdartigkeit. Eines Tages erkannten irgendwelche klugen Vögel, dass der Pinguin ja auch ein Vogelwesen ist. Seitdem wurden sie in der Gemeinschaft geduldet, die Vögel versuchten sogar, ihnen zu helfen, denn die Pinguine hatten es mit ihren Methoden sehr schwer, sich hier zu ernähren. Aber die Vögel waren sich einig, dass ein Pinguin, wenn er denn schon ein Vogel ist, doch ein gestörter Vogel sein muss, denn zu einem normalen Vogel gehört nun einmal, dass er fliegen kann. Fortan nannten sie die Pinguine eine Vogelstörung. Die besonderen Lebensfähigkeiten, über die der Pinguin in seinem kalten Land verfügt, wurden entweder gar nicht wahrgenommen oder als eine Kuriosität behandelt. Eine wirkliche Wertschätzung und Anerkennung gab es für ihn nicht, denn dann hätten die anderen Vögel ja anerkennen müssen, dass der Pinguin viel besser schwimmen und tauchen kann als alle anderen Vögel, und vor allem, dass er viel mehr Kälte aushalten kann. Und an ihre eigene Angst vor der großen Kälte wollten sie auch gar nicht erinnert werden. Kurzum, sie wollten nicht gern wahrhaben, dass sie nicht die Krone der Schöpfung sind, sondern nur eine von vielen Varianten mit unterschiedlichen Stärken und Schwächen.

Da die Seele der Menschen mit »Persönlichkeitsstörungen« viel anpassungsfähiger ist als der Körper eines Pinguins in unseren Breiten und da das Land, in denen die »Persönlichkeitsgestörten« groß werden, nicht ganz woanders liegt, sondern Teil des gemeinsamen Landes ist, in dem wir leben, haben sie sehr gute Chancen, sich an neue Veränderungen in ihrem Leben anzupassen, insbesondere wenn sie darin unterstützt werden. Nahezu alle Menschen mit »Persönlichkeitsstörungen« zeichnen sich durch fehlende oder geringe Selbstwertschätzung aus. Die notwendige Anpassung an die neuen Lebensbedingungen, die eine Behandlung erforderlich macht, wird wesentlich schneller und erfolgreicher verlaufen, wenn das ohnehin geringe Selbstwertgefühl nicht weiter untergraben wird durch die Festlegung auf ihre Gestörtheit durch die Diagnose »Persönlichkeitsstörung«. Aufbauend auf dem Respekt vor ihrer großen Persönlichkeitsspezialisierung, also vor all den Fähigkeiten, die die Kehrseite jeder Störung bilden, lernen und entwickeln sie wesentlich leichter und rascher die neuen Fähigkeiten, die sie brauchen in dem neuen Land, das sie mit dem Wunsch nach Therapie betreten haben, und die sie in dem Land, aus dem sie kommen, nicht lernen konnten.

9.5 Die Diagnose »Endogene Depression«

Die Diagnose einer »endogenen Depression« erfordert eine sehr sorgfältige Untersuchung und eine gute Aufklärung des Patienten.

Wenn bei Ihnen eine endogene Depression diagnostiziert wurde oder als Diagnose zur Diskussion steht, ist es gut, sich ein wenig damit auszukennen und sich über mögliche unzureichende Behandlungen zu informieren. Aber auch hier gilt, dass nicht die Diagnose selbst das Problem ist, sondern mangelhafte Behandlungen.

9.5.1 Was ist eine »endogene Depression«?

Endogen bedeutet, dass die Depression »von innen heraus« kommt und dass die genauen Ursachen unbekannt sind.

Die endogene Depression entsteht also nicht durch äußere Einflüsse, sondern durch einen in der Person liegenden Krankheitsprozess. Worin dieser innere krankhafte Prozess besteht, ist im Grunde genommen nicht bekannt. Der Begriff sagt nur aus, was es nicht ist. Es ist keine exogene Depression, die z.B. durch eine Vergiftung, also durch einen giftigen Stoff, der von außen in den Körper gelangt ist, verursacht wurde. Es ist aber nach der Theorie auch keine durch seelische Probleme verursachte Störung. Diese wird als neurotische Depression bezeichnet, wenn die Ursache in der Lebensgeschichte bis in die Kindheit zurückzuverfolgen ist, oder als reaktive Depression, wenn sie als Reaktion auf ein für den Patienten sehr schlimmes Erlebnis zurückzuführen ist.

Wenn die endogene Depression also etwas anderes ist als die exogene, die neurotische und die reaktive Depression, worin besteht dann ihr Wesen, ihre Natur? Sie hat bestimmte charakteristische Symptome wie Schlafstörungen, Gewichtsverlust, Morgentief, Verlust des sexuellen Interesses u.a. Die Ursache dieser Depression ist nicht genauer bestimmbar, deshalb hat sie auch diese vage Bezeichnung »endogen – von innen kommend«.

Es gibt Belege, dass dabei der Hirnstoffwechsel verändert ist, dies unterstützte früher die Annahme, dass dies eine vererbte Erkrankung sei. Aber die Schlussfolgerung, nämlich dass Stoffwechselstörungen ein Beleg für Vererbung sind, ist nach dem heutigen Erkenntnisstand nicht mehr haltbar. Störungen und Veränderungen des Gehirns können auch Folge von tiefgreifenden seelischen Prozessen sein. Spuren seelischer Traumatisierungen sind inzwischen im Gehirn nachweisbar.

Die Diagnose »endogene Depression« ist Bestandteil der früheren internationalen Klassifikation von Erkrankungen, der ICD-9. In der ICD-10, der seit Anfang der 90er Jahre gültig ist, gibt es diese Diagnose nicht mehr. Darin drückt sich am deutlichsten die wachsende internationale Kritik und Unzufriedenheit mit dieser Diagnose aus, weil sie mit dem Anhängsel endo«gen« eine Erklärung der Ursache im Körper vortäuscht, die wissenschaftlich nicht mehr haltbar ist.

Das bedeutet jedoch nicht, dass diese umstrittene Diagnose nicht mehr benutzt wird, sondern vor allem in Deutschland im Alltag der Psychiatrie wie auch in den Köpfen mancher Psychotherapeuten hat sie noch eine große Bedeutung. Während in der wissenschaftlichen Diskussion mehr oder weniger klar war, dass das Verständnis von »endogen« mit großen Unklarheiten verbunden ist, wurde den Patienten, die diese Diagnose erhielten, oft gesagt, dass sie eine Stoffwechselstörung haben, die vererbt sei, aber dass sie mit antidepressiven Medikamenten gut behandelt werden kann. Dabei entsteht leicht eine falsche Sicherheit, die vorspielt, der Arzt könne allein mit Medikamenten diese schwere Erkrankung erfolgreich behandeln, was jedoch bei weitem nicht immer so einfach geht, wie es dem Patienten erklärt wird.

Die verkürzte Theorie von der Stoffwechselstörung läuft leicht auf eine Resignation des Patienten in Bezug auf die eigene Auseinandersetzung mit der Depression hinaus, die zur Abhängigkeit von dem behandelnden Arzt und den Medikamenten führen kann. Damit ist eine psychologische Abhängigkeit gemeint, denn das Risiko einer rein körperlichen Abhängigkeit ist bei antidepressiven Medikamenten nicht sehr hoch.

Die Diagnose »endogene Depression« wird nur bei schweren Depressionen gegeben, bei denen das Zusammenwirken von körperlichen und psychischen Mechanismen offensichtlich ist.

Schwere Depressionen werden in der Regel mit antidepressiven Medikamenten erfolgreich behandelt. Auf diesem Feld liegen viele wissenschaftliche Kenntnisse vor, und Patienten sind gut beraten, wenn sie bei dieser Diagnose sich von einem erfahrenen Psychiater behandeln lassen. Diese Medikamente greifen in den Hirnstoffwechsel ein, der bei schweren Depressionen gestört ist, und können in vielen Fällen die akute Depression beenden.

In diesem Behandlungsabschnitt kann manchmal und sollte unter bestimmten Umständen auch gleichzeitig eine Psychotherapie stattfinden (Kap. 10.2.1). Andererseits kann eine unqualifizierte Psychotherapie die Depression weiter verschlimmern, so dass eine Psychotherapie nur in enger Abstimmung mit dem behandelnden Psychiater erfolgen sollte.

Depressionen, die als endogen angesehen werden, wiederholen sich häufig, auch wenn sie gut auf Antidepressiva angesprochen haben. Zwar gibt es Medikamente, die einem Wiederauftreten der Depression vorbeugen, aber das klappt bei vielen Patienten aus verschiedenen Gründen nicht, so dass es zu den Rezidiven (Rückfällen) kommt. Nach der Phase der akuten Depression kann eine Psychotherapie zur wirksamen Vorbeugung von Rückfällen beitragen, indem einerseits mögliche tiefsitzende ungelöste seelische Probleme bearbeitet werden und andererseits die Patienten lernen, auf die Anfänge einer erneuten depressiven Phase richtig zu reagieren. »Frühsymptommanagement« ist hierfür der Fachausdruck.

Schwere Depressionen sind also spätestens nach einem Rezidiv multiprofessionell zu behandeln. Eine gute Zusammenarbeit zwischen dem Arzt, der die Medikamente verschreibt und einem mit Depressionen erfahrenen Psychotherapeuten ist das beste Behandlungsangebot für die betroffenen Patienten.

Leider wird ihnen von manchen Psychiatern eine psychotherapeutische Behandlung vorenthalten, weil sie immer noch der irrtümlichen Auffassung sind, dass es sich bei der »endogenen Depression« um eine reine Stoffwechselstörung handelt, bei der eine Psychotherapie unsinnig oder gar gefährlich ist.

Aber auch Psychologen können schwerwiegende Fehler machen, wenn sie meinen, schwere Depressionen ohne Medikamente behandeln zu können oder wenn sie die Patienten in der Therapie überfordern und die Depression dadurch verstärken. Sie sind zumindest verpflichtet, den Patienten auf die Chancen einer erfolgreichen antidepressiven Behandlung hinzuweisen und auf die Zunahme von Depressivität während der Therapie sorgfältig zu reagieren.

Deshalb ist eine enge Abstimmung zwischen Arzt und Psychotherapeut bei der Behandlung von schweren Depressionen erforderlich. Manche Psychiater lehnen es ab, Psychotherapeuten hinzuzuziehen. Sie nehmen das Frühsymptommanagement nicht ernst und halten es für überflüssig, nach unausgesprochenen seelischen Problemen zu forschen. Wenn es dann zu einem Rückfall kommt, wird dieser Krankheitsverlauf einfach als Bestätigung dieser schweren endogenen und vererbten Krankheit angesehen.

Die Drehtürpsychiatrie ist bei manchen Patienten nicht unabänderliche Folge einer schicksalhaften schweren Erkrankung, sondern Ursache und Folge unzureichender Behandlungen. Die häufige stationäre Wiederaufnahme dieser Patienten wird womöglich sogar als Vertrauensbeweis für die eigene Behandlung angesehen.

Natürlich kann auch eine gute Kombinationsbehandlung nicht bei allen Patienten Rückfälle verhindern, aber das Risiko dafür sinkt deutlich, wenn ein ganzheitliches Therapiekonzept vorhanden ist. Die Feststellung einer vererbten oder ausschließlich biologisch begründeten

Depression mit dem Behandlungsprinzip »Man tut medikamentös, was man kann, und mehr ist leider nicht zu machen«, mag vor fünfzehn Jahren noch dem durchschnittlichen Stand des Wissens entsprochen haben, reicht aber heute nicht mehr aus.

9.5.2 Die ganzheitliche Sicht der Depression

Die ganzheitliche Sicht der Depression eröffnet neue wirksamere Behandlungsmöglichkeiten in einer sinnvollen Kombination von Psychotherapie und Medikamenten.

Eine endogene Depression wurde entweder zu Beginn einer Behandlung von einem Arzt diagnostiziert oder erst im Verlauf einer Therapie, meistens dann, wenn die Behandlung entsprechend der Erstdiagnose nicht richtig erfolgreich war. Letzteres ist problematisch, wenn in einer Krise der Psychotherapie ein Therapeut aus Hilflosigkeit die Flucht in die Diagnose einer vererbten Krankheit antritt. Ein Diagnosenwechsel ist deshalb besonders sorgfältig zu begründen. (Kap. 8)

Eine endogene Depression wird als Anfangsdiagnose meist nur dann vergeben, wenn der Patient in einer tieferen Depression steckt, die bedeutsame Auswirkungen auch auf die körperlichen Funktionen hat mit Schlaflosigkeit, Appetitlosigkeit, Interessenverlust bis hin zur Lebensmüdigkeit, Energielosigkeit und sexuellen Lustlosigkeit.

Die besondere Vorsicht bei psychotherapeutischen Gesprächen mit schwer depressiven Patienten ist erforderlich, um den Patienten durch Gespräche nicht zu überfordern und dadurch die Depression zu verschlimmern. Das Risiko entsteht dadurch, dass der depressive Mensch Erwartungen des Therapeuten überzogen wahrnimmt, denen er sich aber nicht gewachsen fühlt. Und aufgrund seiner depressiven Neigung zu Selbstvorwürfen wird er dadurch noch depressiver. Dies ist jedenfalls ein häufiger Teufelskreis in der Depression, aus dem er dann meist nicht mehr allein herauskommt. Der depressive Mensch fällt seinen eigenen zu hohen Ansprüchen zum Opfer.

Die psychotherapeutischen Techniken haben sich weiterentwickelt und sind in der Lage, auch mit depressiven Patienten erfolgreich zu arbeiten. Dabei ist aber von entscheidender Bedeutung, dass Sie als betroffener Patient selbst das Bedürfnis nach psychotherapeutischen Gesprächen verspüren und sich dazu in der Lage fühlen. Erst dann machen auch intensivere Gespräche Sinn. Solange dies nicht der Fall ist, bleibt es bei der alleinigen medikamentösen Behandlung. Psychotherapeutische Gespräche müssen gerade bei noch sehr depressiven Patienten nicht wie üblich 50 Minuten dauern, sondern können auf eine halbe Stunde beschränkt werden. Wenn Sie mit der Diagnose der endogenen Depression an einer psychotherapeutischen Behandlung interessiert sind, sollten Sie sich auch darum bemühen. Deshalb lesen Sie vielleicht dieses Kapitel. Denn Menschen, die keine Psychotherapie machen möchten, sollte man sie auch nicht aufdrängen, schon gar nicht depressiven Patienten. Es ist also völlig berechtigt, bei schweren Depressionen eine besondere Behutsamkeit von den Psychotherapeuten zu verlangen.

Die Probleme mit der Diagnose der endogenen Depression bestehen darin, dass das Seelische und das Biologische sehr leicht auseinander gerissen und als getrennt voneinander gesehen werden. Viele Psychiater, aber auch viele Psychotherapeuten gehen einfach davon aus, dass es eine psychologisch verursachte Depression (neurotisch oder reaktiv) und eine stoffwechselverursachte (endogene) Depression gibt, und dass dies zwei völlig verschiedene und eindeutig zu unterscheidende Krankheiten seien. So einfach ist es jedoch nicht.

Zu **jedem** seelischen Problem gehört immer sowohl die psychologische Seite mit der Lebensgeschichte eines Menschen, in der er sich bestimmte Auffassungen und Lebensstile angeeignet hat, und die aktuelle Lebenssituation, in der der depressive Zustand sich entwickelt hat, und schließlich auch ein Körper mit einem Nervensystem, das eine gewisse Veranlagung mit sich bringt und auf eine aktuelle Lebenssituation reagiert. Dabei sind der biologische Aspekt z.B. des Nervensystems und der psychologische Aspekt z.B. der tiefen Traurigkeit in Wirklichkeit gar nicht zu trennen. Wir gebrauchen nur unterschiedliche Begriffe, um diesen in Wirklichkeit ganzheitlichen Prozess gewissermaßen aus verschiedenen Blickwinkeln zu beschreiben und uns darüber zu unterhalten. Um es zu verdeutlichen, kann man sagen: die Traurigkeit findet im Nervensystem statt.

Wenn wir die Depression in diesem Sinne ganzheitlich sehen, dann beinhaltet jede Form der Depression aktuelle Probleme und angehäufte Erfahrungen, also Gegenwart und Vergangenheit, psychologische und biologische Prozesse. Die alte Vorstellung der endogenen Depression beinhaltete jedoch, dass diese Depression ihre Ursache in der Veranlagung hat und sich in der Gegenwart in der Stoffwechselstörung ausdrückt. Die gegenwärtige Lebenssituation und auch die psychische Entwicklung eines Menschen wird dabei nur als Randgeschehen oder als Folgeproblem der Depression gesehen, nicht aber als ihre Quelle oder Teilursache.

Ursachenerklärungen und Diagnosen von Erkrankungen haben offenkundig sehr viel damit zu tun, welche Behandlungsmöglichkeiten der Arzt oder Therapeut dafür sieht. Es ist nämlich keineswegs so, dass bei diesen endogenen Patienten schwere seelische Probleme ausgeschlossen werden können. Im Gegenteil, bei vielen dieser Patienten kann man feststellen, dass ihre seelischen Probleme oft so tiefgreifend und existentiell waren und vielleicht auch noch sind, dass sie von sich aus gar nicht richtig darüber sprechen können. Sie vermeiden es, über ihre Lebensangst nachzudenken oder gar darüber zu sprechen. Und sie haben oft große Angst vor dem, was auf sie zukommen könnte. Im Morgentief drückt sich die Angst vor dem kommenden Tag aus, die abends deutlich nachlässt, wenn der Tag überstanden ist. Wenn diese Patienten nach Gründen für die Depression gefragt werden, geben sie an, dass sie keine Probleme haben. An zwei Beispielen von Patienten mit mehreren Aufenthalten in der Psychiatrie möchte ich dies deutlich machen:

Ein junger selbstständiger Kaufmann mit extrem hohem Verantwortungsgefühl für seine Familie hat angesichts wirtschaftlicher Unsicherheiten zunehmende Zukunftsangst und wird darüber schwer depressiv. Er kann sich aber die Unsicherheiten nicht eingestehen, weil er verinnerlicht hat, dass er als Unternehmer sich immer optimistisch darstellen muss. Er sagt also dem Arzt, er habe keine Probleme, Geschäft und Familie, alles sei gut. Wenn es glaubwürdig genug klingt, weil der Patient selbst daran glaubt, kann die ärztliche Schlussfolgerung dann lauten, dass der Zustand nur durch eine endogene Depression zu erklären sei. Nach der Akutbehandlung in der Psychiatrie fällt er zu Hause langsam wieder in den alten Zustand zurück. Einen Zugang zu den psychologischen Problemen des Patienten erhält ein Therapeut in diesem Fall nur dann, wenn er, natürlich in einer sehr vertrauensvollen therapeutischen Beziehung, umfassend die tatsächliche Lebenssituation, zu der auch die berufliche und finanzielle Seite gehört, sorgfältig untersucht und sich außerdem ein Bild macht von den Persönlichkeits- und Denkmustern, die der junge Mann im Laufe seines Lebens herausgebildet hat. Bei einer solchen Vorgehensweise und bei entsprechender therapeutischer Erfahrung können tieferliegende Ursachen der Depression, in diesem Fall der sehr hohe Leistungsanspruch, die schlecht gehenden Geschäfte und der ideologische Glaube an den Erfolg, erkannt werden und solche Ursachen einer Depression sind psychotherapeutisch behandelbar.

Eine Patientin hat vor vielen Jahren eine schlimme Panikattacke mit Todesangst gehabt. Sie versucht die Erinnerung daran aus ihrem Leben zu verdrängen, was ihr oberflächlich gesehen gelingt, sie denkt nicht mehr an die Panikattacke. Aber es bleibt ein diffuses bedrohliches Lebensgefühl, das ihr auf scheinbar unerklärliche Weise die Lebensfreude raubt und im Laufe der Zeit eine immer tiefere verzweifelte Depression hervorruft. Auch diese Patientin wird Ihrem Arzt keine Gründe angeben können, warum sie depressiv ist, denn sie wehrt sich unbewusst an die Erinnerung der Todesangst. So bekommt sie dann womöglich die Diagnose der endogenen Depression. Ihre Hoffnung auf die Medikamente und die stationäre Behandlung reduzieren für einige Zeit ihre Angst und die Depressivität. Aber da diese Besserung auf Dauer nicht anhält, weil die Grundangst nicht bewältigt ist, kommt ihre Depression umso heftiger zurück.

Der Therapeut wird sich nicht nur nach den gegenwärtigen Problemen erkundigen, sondern auch sorgfältig nachfragen, wann der Wechsel von einem zufriedenen Leben zu den ersten Anfängen der Unstimmigkeit stattgefunden hat. So können die Panikattacken und ihre Ursachen sowie die Auswirkungen der Angst vor der Angst entdeckt und natürlich dann auch psychotherapeutisch behandelt werden. Nicht erkannte Panikattacken mit der Angst vor dem Wiederauftreten der Todesangst sind genauso wie verdrängte schwere seelische Traumata wie sexueller Missbrauch und lebensbedrohliche Gewalterfahrungen schleichendes Seelengift, das zu schweren Depressionen führen kann.

Wie weit in diesen Fällen, in denen verborgene seelische Konflikte und Belastungen die schwere Depression verursacht haben, außerdem Antidepressiva verordnet werden sollten, ist im Einzelfall in Zusammenarbeit mit dem Arzt zu klären. Ich habe jedenfalls mehrfach erlebt, dass die Entdeckung der Wurzeln der Depression die Patienten so weit entlastet hat, dass sie keine Medikamente mehr einnehmen wollten oder sie dadurch schneller absetzen konnten und sie auch später nicht mehr benötigten. Denn die Angst vor dem unverstandenen Zustand verschlimmert in vielen Fällen die Depression und verursacht das Gefühl der Hoffnungslosigkeit, das eine schwere Depression kennzeichnet.

Obgleich ich bei den Patienten, die sich mit der Diagnose endogene Depression an mich gewandt haben, fast immer psychologische Problemkomplexe als bedeutsam für die Depression feststellen konnte, so kann ich natürlich nicht sagen, dass dies für alle Patienten mit dieser Diagnose zutrifft. Mancher Arzt, der weiterhin nur die Stoffwechselstörung sieht, mag behaupten, die Patienten, denen Psychotherapie hilft, seien eben gerade keine endogenen Depressionen, da seien eben Fehldiagnosen gestellt worden. Das ist ein scheinbar nicht zu widerlegendes Argument. Denn danach ist diese Diagnose ja immer richtig, solange nicht das Gegenteil durch eine erfolgreiche Psychotherapie bewiesen ist.

Diese Selbstbestätigung durch eine Definition hilft Ihnen aber nicht weiter. Denn als Patient möchten Sie von Anfang an eine erfolgversprechende Therapie. Und dazu gehört bei einer Depression immer zumindest die Überlegung, ob eine Psychotherapie hilfreich ist. Die Psychotherapeuten in Deutschland sind jedoch zahlenmäßig nicht in der Lage, mit allen depressiven Patienten, die von Nervenärzten oder Hausärzten behandelt werden, eine Therapie durchzuführen. Und vielleicht gehören Sie ja auch zu den Patienten, die mit Hilfe einer Behandlung durch Antidepressiva soweit aus ihrer Depression herauskommen, dass sie die vorhandenen Probleme lösen und ihr Leben wieder selbstständig in die Hand nehmen können. Schließlich heilen nicht nur Psychotherapie und Medikamente, sondern auch gute zwischenmenschliche Beziehungen und die Selbstheilungskräfte im Menschen, die nach einer guten medikamentösen Behandlung auch wieder wirken können.

Wenn aber Ihre Depressionen trotz der Medikamente nicht weggehen oder nach einer zeitweiligen Besserung wiederkehren, sollten Sie einen Psychotherapeuten hinzuziehen, der auf diesem Gebiet erfahren ist. Es ist ohne Bedeutung, ob Sie zuerst einen Arzt oder einen Psychotherapeuten aufsuchen. Viel entscheidender ist, dass von beiden die Kooperation mit dem anderen ernst genommen wird. Gut wäre es, wenn der Arzt Ihnen bei der Suche nach einem Therapeuten auch behilflich sein kann oder der Therapeut bei der Suche nach einem Arzt. Leider gibt es zu wenige Psychotherapeuten, und viele von ihnen sind auch nicht in der Lage und lehnen es deshalb zu Recht ab, schwerere Depressionen zu behandeln, so dass die Suche für Sie aufwendig werden kann.

Die moderne Sichtweise, Depressionen, die früher als endogen klassifiziert wurden, auch psychotherapeutisch zu behandeln, verleugnet nicht Aspekte der Vererbung einer depressiven Störung und den Nutzen von antidepressiven Medikamenten, sondern ermöglicht eine ganzheitliche, und damit auch wesentlich wirksamere Therapie.

9.5.3 Jahreszeitdepressionen und Psychotherapie

Auch bei jahreszeitlichen Depressionen, die als besonders typisch für »endogene Depressionen« angesehen werden, ist eine Psychotherapie sinnvoll.

Die ganzheitliche Behandlung kann an dem Problem der jahreszeitlich bedingten Schwankungen von Depressionen, die vornehmlich im Herbst oder auch im Frühjahr auftreten, verdeutlicht werden. Diese Schwankungen werden gern als Beleg für eine Veranlagung zu endogenen Depressionen gesehen. In der Zeit des Wechsels zwischen den hellen und dunklen Jahreszeiten erfolgen vermutlich genetisch programmierte Stoffwechselveränderungen, möglicherweise als Überbleibsel der tierischen Winterschlafgewohnheiten. Beobachtungen bei vielen Patienten sprechen für solche Stoffwechselveränderungen im Herbst und im Frühjahr. Daraus wird manchmal folgende, scheinbar plausible Argumentationskette entwickelt: Diese Stoffwechselveränderungen sind vererbt, also sind auch die daraus resultierenden endogenen Depressionen vererbt, also hilft Psychotherapie nicht weiter, also müssen Sie lebenslang Medikamente gegen diese Depressionen nehmen. Eine solche Sicht ist zu simpel und kann die Genesung von Patienten behindern, weil sie nur die biologische Seite isoliert von der hochkomplexen psychologischen Seite der jahreszeitlichen Schwankungen betrachtet.

Die Veränderungen, die mit Menschen im Herbst und im Frühjahr einhergehen, sind keineswegs nur biologischer Natur. Das Leben der Menschen bringt in diesen Jahreszeiten besonders viele Veränderungen mit sich, die bei manchen so schwerwiegend sind, dass sie zu Depressionen führen können.

Der Herbst bringt kürzere Tage mit sich und damit Einschränkungen der Aktivitäten, die in der Natur stattfinden. So mag nach dem Tag im Büro das Jogging im Wald oder die Gartenarbeit nicht mehr möglich sein. Das Wetter wird für manche Menschen sehr unangenehm. Der November mit den vielen traurigen Feiertagen löst vermehrt Erinnerungen und Trauer an geliebte Verstorbene aus. Und die Weihnachtsfeiertage rücken spürbar näher, vor denen viele Menschen aus unterschiedlichen Gründen große Angst haben.

Im Frühjahr leiden manche Menschen an der Aufbruchstimmung der anderen, weil sie selbst eher Angst vor dem Sommer haben, wenn man sich nicht mehr so gut im Dunkel verstecken kann, wenn z.B. die leichte Bekleidung dieses schreckliche Übergewicht oder Hautprobleme oder die für manchen unerträgliche Neigung zum Rotwerden zu Tage treten lässt. Aus diesen Gründen gibt es bei einigen Menschen große Angst vor dem Strandurlaub, auf den man sich trotzdem im Frühjahr einstellt wegen des Partners oder des Images unter den Kollegen, ohne über diese Ängste zu sprechen oder sich damit auseinander zu setzen.

All diese jahreszeitlich bedingten Probleme haben mit Stoffwechselstörungen nichts zu tun, können aber sehr wohl erheblich depressionsfördernd sein und sind psychotherapeutisch behandelbar.

Aber auch, wenn Sie von jahreszeitlich schwerwiegenden Stoffwechselveränderungen, die Sie selbst als von innen her kommend erleben, geplagt sind, trägt Ihre gedankliche Verarbeitung der dann sehr belastenden Trägheit, Energielosigkeit, Frühjahrsmattigkeit entscheidend dazu bei, ob sich hieraus eine Depression entwickelt oder ob Sie stattdessen lernen, mit diesen Veränderungen zurechtzukommen. Wenn Sie perfektionistische Ansprüche an sich stellen, werden Sie unter einer Verlangsamung Ihres Stoffwechsel viel mehr leiden und depressionsgefährdeter sein als ein Mensch, der auch »mal Fünfe gerade sein lassen« kann. Eine größere Gelassenheit, die größere Fähigkeit zur Winterruhe oder einen Abbau von krankmachendem Perfektionsstreben können Sie in einer guten Psychotherapie lernen. Diese Probleme werden durch medikamentöse Behandlungen nicht erreicht. Und es macht zusätzlich Angst vor diesen Jahreszeiten, wenn Sie vom Arzt erfahren, dass Sie aufgrund einer Stoffwechselstörung quasi automatisch jeden Herbst mit Depressionen rechnen müssen, gegen die Sie außer der Einnahme von Medikamenten nichts tun können. Sich mit einer solchen Unausweichlichkeit auseinander zu setzen, steht erst dann zur Debatte, wenn alle anderen Behandlungsmöglichkeiten ausgeschöpft sind.

Sie können mit Ihrem Psychotherapeuten zusammen überlegen, wie sie auf die äußeren Veränderungen in den Übergangsjahreszeiten und auf Ihre von innen kommenden Veränderungen am besten reagieren können. Gerade wenn Sie tatsächlich ein erhöhtes Depressionsrisiko tragen sollten, ist es wichtig, dass Sie das gegen die Depression tun, was Ihnen möglich ist, ohne dass Sie sich überfordern. So kann Ihr Therapeut Ihnen helfen, sich mit den Veränderungen vertraut zu machen, ja sogar sich auch mit dieser Jahreszeit und ihren Besonderheiten anzufreunden. Es geht natürlich nicht, einfach Ihnen zu sagen: »Jetzt freunden Sie sich mal mit dem November an!« Das positive Einstimmen auf die dunkle Jahreszeit ist ein mehr oder weniger komplexer Umdenkungsprozess, der schon einigen therapeutischen Aufwand erfordert. Theorien, die einfach von einer unabänderlichen Erbanlage ausgehen, stehen einer solchen Herangehensweise natürlich sehr im Weg und sind damit ziemlich destruktiv.

Und wie gesagt bleibt gleichzeitig bei einer ganzheitlichen therapeutischen Herangehensweise die Möglichkeit bestehen, in enger Kooperation mit dem Arzt auch für eine längere Zeit Medikamente einzunehmen.

Wenn Sie wegen Ihrer Depressionen eine Psychotherapie machen wollen, ist es erheblich wirksamer, die psychologische und die biologische Seite der Depression in ihrem Zusammenwirken zu behandeln, als nur auf Medikamente zu setzen.

10 Psychotherapie und Psychopharmaka

Ist es besser, eine Psychotherapie zu machen als Psychopharmaka zu nehmen? Kann man während einer Psychotherapie Psychopharmaka einnehmen?

Dies sind Fragen, die Therapeuten wie Patienten gleichermaßen bewegen und oft zu heftigen Diskussionen führen. Diese Fragen können nicht einfach mit Ja oder Nein beantwortet werden. Pauschale Diskussionen über den Sinn von Medikamenten sind fruchtlos. Da es sie gibt, kann man sie nicht einfach wegdiskutieren. Nahezu alle Menschen nehmen Medikamente, wenn sie unbedingt notwendig sind, und zwar auch diejenigen, die Medikamente von ihrer Grundeinstellung her ablehnen. Die Frage, vor der jeder steht, lautet also nicht, Medikamente ja oder nein, sondern wann und in welcher Dosierung welche Medikamente eingenommen werden sollten.

Dies gilt für Psychopharmaka genauso. Ihr massenhafter Einsatz ist Realität. Und auch die meisten Menschen, die sie ablehnen, weil sie ihr Gefühlsleben und ihr Denken nicht durch Medikamente beeinflusst haben wollen, werden sie trotzdem einnehmen, wenn es ihnen so schlecht geht, dass sie sich auf andere Weise nicht mehr zu helfen wissen. Aber es bleibt natürlich für jeden Menschen auch in einer seelischen Krisensituation die Frage, ob, wann und wie man welche Psychopharmaka einsetzen sollte.

10.1 Die Zusammenarbeit von Psychologen und Ärzten

Psychologische Psychotherapeuten, die keine Medikamente verordnen dürfen, sollten bei Bedarf eng mit den Ärzten zusammenarbeiten.

Psychologen haben früher an der Universität die medikamentösen Substanzen und ihre biochemischen Wirkungen gar nicht studiert, inzwischen gehört dies zum Psychologiestudium dazu, aber bei weitem nicht so gründlich wie bei den Medizinern. Deshalb dürfen zu Recht nur Ärzte Medikamente verschreiben. Nur sie können die Medikamente und ihre Wirkung auf den Körper einschließlich der vielzitierten Risiken und Nebenwirkungen beurteilen.

Psychopharmaka sind Medikamente, die ebenfalls auf den Körper einwirken. Sie haben nicht nur erwünschte und unerwünschte Wirkungen über das Nervensystem auf die Psyche, sondern sie haben meistens auch Nebenwirkungen auf alle möglichen körperlichen Funktionen und haben auch Wechselwirkungen mit anderen Medikamenten. Dies kann allein der Arzt als Fachmann für den Körper beurteilen.

Die Beurteilung der gewünschten psychischen Wirkung von Psychopharmaka ist sehr schwierig, wenn Sie als Patient gleichzeitig eine Psychotherapie machen, die ja ebenfalls die Psyche beeinflusst. Wenn der Arzt selbst auch Psychotherapeut ist, wird er beide Wirkungen, die der Psychotherapie und die der Medikamente, zusammen beurteilen. Da mag man sich fragen, ob es nicht generell sinnvoll wäre, dass nur Ärzte eigenverantwortlich eine Psychotherapie durchführen dürfen.

Bei dieser Frage ist ein Blick in die Vergangenheit und auf die Gesundheitspolitik angebracht. Die Ärzteorganisationen haben immer vertreten, dass nur Ärzte eigenverantwortlich Psychotherapie machen können, da Psychologen nicht richtig erkennen könnten, wann Medikamente notwendig seien. So war es bis zur Verabschiedung des Psychotherapeutengesetzes im Jahre 1998 geregelt. Alle Parteien im Bundestag haben das neue Gesetz mitgetragen, nach welchem die Psychologen jetzt eigenverantwortlich therapieren dürfen. Gesellschaftlich hat sich also die auch von Ärzteverbänden nicht mehr wegzudiskutierende Erkenntnis durchgesetzt, dass die Psychologen im Bereich der Psyche ein Fachwissen haben, über das die Ärzte nicht in gleicher Weise verfügen.

Während die angehenden Ärzte die Funktionen des Körpers studiert haben, haben die angehenden Psychologen die Funktionen der Psyche studiert. Deshalb ist es sachlich nicht berechtigt, dass die Ärzte die Psychologen überwachen, wie es bis 1998 formal für die niedergelassenen ambulanten Therapeuten der Fall war und wie es vermutlich in allen psychiatrischen Kliniken heute immer noch gehandhabt wird. Aber auch vor 1999 haben die Ärzte die Therapie der Psychologen nicht wirklich beurteilt und überwacht, weil sie normalerweise gar nicht über die Kenntnisse verfügt haben, auf denen die Therapie des Psychologen aufbaute.

Diese Informationen über die beiden Berufsgruppen besagen aber nicht, dass ein Psychologe ein besserer Psychotherapeut für Sie ist (Kap.12.4).

Die praktische Zusammenarbeit zwischen den einzelnen Ärzten und Psychologen ist trotz der Interessenkonflikte in der Berufspolitik in der Regel konstruktiv und kollegial. Und wenn Sie als Patient den Eindruck haben, dass es zwischen Ihrem Arzt und Ihrem Psychotherapeuten Konflikte um Ihre Behandlung gibt, sollten Sie, wenn möglich, darauf drängen, dass beide Seiten sich verständigen, damit dieser Konflikt nicht auf Kosten Ihrer Behandlung ausgetragen wird.

Konflikte entstehen nicht nur durch manche Ärzte, die Psychologen nicht ernst nehmen und sie bevormunden möchten. Auch Psychologen verhalten sich Ärzten gegenüber manchmal nicht angemessen. Einige Psychologen sind nicht bereit, überhaupt Medikamente in der Psychotherapie zu akzeptieren und mit dem Arzt darüber zu sprechen. Oder sie erwarten, dass der Arzt die Psychopharmaka so verordnet, wie sie es für richtig halten. Das geht natürlich nicht. Denn die letzte Verantwortung für die Verschreibung eines Medikaments liegt immer beim Arzt. Wenn Sie als Patient in einen solchen Konflikt zwischen dem Arzt und dem Psychologen hineingezogen werden sollten, müssen Sie sich Ihr eigenes Bild machen. Sie können die Behandlung bei beiden fortführen, wenn der Konflikt nicht zu schwerwiegend für Sie ist. Wenn es für Sie aber unerträglich wird, mit gegensätzlichen Empfehlungen oder gar Befürchtungen konfrontiert zu sein, sollten Sie, wenn es Ihnen irgendwie möglich ist, dies beiden mitteilen, damit sie merken, was sie mit ihrem Streit bei Ihnen anrichten, und sich besser abstimmen. Und schließlich können Sie immer noch die Behandlung bei demjenigen abbrechen, dessen Einstellung Ihnen am wenigsten gefällt.

Probleme zwischen Arzt und Psychologe über die Verordnung von Psychopharmaka müssen nicht sein, und es gibt sie auch nur selten. Denn meistens sind beide so vernünftig, dass sie die Argumente des anderen ernst nehmen und eine gemeinsame Therapiestrategie finden, wenn eine Absprache und Zusammenarbeit erforderlich wird.

10.2 Das Zusammenwirken von Psychotherapie und Psychopharmaka

Es gibt kein Patentrezept für das Zusammenwirken von Psychotherapie und Psychopharmaka, sondern die Lösungen müssen für den konkreten Einzelfall gefunden werden.

Die dargelegte einschneidende gesundheitspolitische Veränderung, dass Psychologen ohne ärztliche Zustimmung psychotherapeutische Behandlungen durchführen dürfen, macht deutlich, dass bei psychischen Störungen in Staat und Gesellschaft dem medizinischen Wissen und den Medikamenten kein absoluter Vorrang mehr vor dem psychologischen Wissen und der Psychotherapie eingeräumt wird.

Wie sollte nun das Zusammenwirken von Psychotherapie und Psychopharmaka in sinnvoller Weise aussehen?

Eine Psychotherapie zielt darauf hin, dass Sie als Patient Ihre Lebensprobleme am Ende der Therapie wieder allein bewältigen können. Eine angemessene Therapie richtet keinen Schaden an, sondern stärkt die Fähigkeiten des Patienten, sein Leben zu bewältigen. Aber wie ich in diesem Buch dargelegt habe, können schlechte Psychotherapien auch Schaden beim Patienten anrichten, auch wenn dies nicht sehr oft der Fall ist.

Die Psychopharmaka sollen bewirken, dass die Symptome und Beschwerden, die Sie haben, beseitigt oder wenigstens vermindert werden. In jedem einzelnen Fall sind sie ein bedeutsamer Eingriff in die körperlichen Funktionen mit Risiken und Nebenwirkungen auch bei sorgfältiger und sinnvoller Indikation. Sie sind schließlich auch rezeptpflichtig und dürfen eben wegen ihrer Gefahren zu Recht nicht von Psychologen verschrieben werden. Psychopharmaka sind also keine harmlosen Bonbons, auch wenn sie von manchen Patienten so geschluckt und gelegentlich von dem einen oder anderen Arzt auch so verschrieben werden.

Die Fähigkeiten des Patienten, seine Probleme selbst zu lösen, werden durch die Einnahme von Medikamenten nicht direkt gefördert. Aber durch eine positive Stabilisierung der psychischen Verfassung mit Hilfe von Medikamenten kann der Patient wieder besser seine vorhandenen Fähigkeiten nutzen, die vorher durch Angst, Unruhe, Depressivität usw. ganz erheblich eingeschränkt gewesen sein können. Unter bestimmten Bedingungen kann der Entwicklungsprozess zu größerem Selbstvertrauen jedoch durch Psychopharmaka auch sehr behindert werden, wenn die Patienten alle Besserungen mit den Medikamenten erklären und so keinen Zuwachs in ihrer Selbstwirksamkeit erfahren (Kap. 6). Vor allem aber können die unterschiedlichsten Nebenwirkungen, die oft nicht vorher einkalkuliert werden können, Patienten ganz erheblich verunsichern, insbesondere wenn sie sowieso schon angstvoll ihren Körper und ihr Denken beobachten.

Diese Unterschiede zwischen Psychotherapie und Psychopharmaka belegen, dass eine Psychotherapie bei fast allen psychischen Problemen die risikoärmere Behandlung ist. Psychopharmaka sollten erst dann eingesetzt werden, wenn eine Psychotherapie erfolglos bleibt oder von vornherein keine Erfolgschancen hat. Bei ausgeprägten akuten psychischen Störungen wie bei schweren Depressionen oder akuten Psychosen muss in der Regel sofort mit Medikamenten begonnen werden, um z. B. Risiken der Selbst- oder Fremdgefährdungen zu reduzieren und auch so rasch wie möglich das quälende Leid der Patienten zu lindern. In diesen Fällen ist die Psychopharmakabehandlung die Therapie der ersten Wahl.

Die Realität sieht anders aus. Viele Patienten bekommen bei allen möglichen, auch leichteren, psychischen und auch körperlichen Symptomen erst einmal Medikamente, z.B. Beruhigungsmittel, vom Hausarzt oder vom Nervenarzt verschrieben. Oft werden die Patienten erst dann zum Psychotherapeuten geschickt, wenn die Beschwerden durch die medikamentöse Behandlung nicht nachlassen oder sich sogar noch verschlimmern. Es gibt viele Fälle, vor allem bei Angststörungen, bei denen die Patienten, wenn sie zum Psychotherapeuten kommen, neben der ursprünglichen Angstproblematik noch zusätzliche Probleme mit den verordneten Medikamenten haben (z.B. Symptome einer Abhängigkeit), wodurch die weitere Behandlung erschwert wird.

Es gibt verschiedene Möglichkeiten des Zusammenwirkens von Psychopharmaka und Psychotherapie, die vor allem von der Art der psychischen Störung abhängen. Ob die von mir im Folgenden dargelegte Auffassung mit Ihren Vorstellungen und Erfahrungen übereinstimmt, können nur Sie selbst feststellen. Deshalb betrachten Sie meine Ausführungen dazu nicht als festgelegtes Dogma, sondern überprüfen Sie, ob Sie darin hilfreiche Denkanstöße finden. Ich selbst habe auch nicht den Anspruch, damit der Weisheit letzten Schluss gefunden zu haben, sondern gebe den Stand meines Wissens und meiner Erfahrungen wieder, naturgemäß aus der Perspektive eines psychologischen Psychotherapeuten, der für eine enge Zusammenarbeit mit Ärzten eintritt.

10.2.1 Psychopharmaka und Psychotherapie bei schweren Depressionen und Psychosen

Wenn ein Patient dringend fachliche Hilfe benötigt, aber nicht in der Verfassung ist, Psychotherapiegespräche zu führen, ist der Einsatz von Psychopharmaka in der Regel zwingend erforderlich. Dies trifft zu für akute psychotische Zustände, wenn der Patient z.B. durch Wahnvorstellungen oder manische Zustände in seiner Realitätswahrnehmung erheblich getrübt ist, und auch für bestimmte organische Beeinträchtigungen des Gehirns z.B. aufgrund einer Vergiftung durch Alkohol oder andere Drogen oder durch andere hirnorganische Erkrankungen. Es gilt auch für besonders schwere Depressionen, bei denen der Patient kaum noch auf die Außenwelt reagiert, also stuporös ist oder unerträglich unter seiner inneren Unruhe leidet. Auch die Gabe von Medikamenten gegen seinen Willen, wenn er in einem dieser Zustände sich selbst oder andere gefährdet, ist notwendig. In all diesen Fällen ist eine medikamentöse Behandlung so gut wie unstrittig, die Behandlung dieser Störungen liegt eindeutig in ärztlicher Hand und erfolgt oft stationär in der Psychiatrie, wobei erfahrene Psychologen hinzugezogen werden können.

Wenn bei Ihnen eine schwere depressive oder psychotische Erkrankung vorgelegen hat und der oben beschriebene Zustand abgeklungen ist, ist Ihre Gesprächsfähigkeit wieder vorhanden, sonst würden Sie gar nicht dieses Buch zur Hand nehmen. Vermutlich sind Sie weiter in psychiatrischer Behandlung mit der dringenden Empfehlung, über längere Sicht oder auf Dauer bestimmte Psychopharmaka einzunehmen. Auch wenn Sie sich schon deutlich wohler fühlen, sollten Sie die Medikamente nach einer solch schweren Erkrankung nicht einfach absetzen, da das Rückfallrisiko noch sehr hoch ist.

Wenn Sie eine Psychotherapie machen möchten, werden Sie vermutlich gute Gründe dafür haben. Vielleicht wollen Sie die Ursachen der Erkrankung herausbekommen. Oder Sie suchen Hilfe, das Schreckliche zu verarbeiten, was Sie in dem schlimmen Krankheitszustand erlebt haben. Wenn Sie sehr unter den Nebenwirkungen der Medikamente leiden oder wieder ohne Medikamente leben möchten, suchen Sie vielleicht einen Therapeuten, der das Absetzen der Medikamente sorgfältig begleitet oder, wenn dies nicht möglich ist, Ihnen hilft, mit der Dauermedikation möglichst gut umzugehen und damit zu leben.

Viele Patienten möchten nach einer schweren Erkrankung psychotherapeutische Hilfe, um einer erneuten Erkrankung vorzubeugen (Rezidivprophylaxe) oder, wenn dies nicht möglich ist, um sie rechtzeitig zu erkennen und durch Frühbehandlungsmaßnahmen möglichst einen erneuten tiefen Absturz zu vermeiden (Frühsymptommanagement). All dies sind berechtigte Gründe für eine psychotherapeutische Unterstützung nach einer solch schweren psychischen Erkrankung. Und eine Therapie ist auch dann begründet, wenn Sie das Bedürfnis nach Gesprächen haben, ohne dass Sie die Ziele schon genau definieren können.

Manchmal müssen Patienten, die eine schwere psychische Erkrankung hinter sich haben, erst gegen ärztlichen Widerstand um eine Psychotherapie kämpfen, weil viele Psychiater noch dem Konzept der reinen Stoffwechselstörung anhängen und keinen Sinn in der Psychotherapie sehen (Kap. 8 und 9.5). Wenn Sie selbst Gespräche wünschen, sollten Sie sich eine Psychotherapie nicht einfach ausreden lassen. Es ist natürlich nicht gut, aber notfalls möglich, auch ohne Zustimmung des Arztes, der die Medikamente verschreibt, eine Psychotherapie zu beginnen. Sie müssen den Psychotherapeuten über Ihre schwere Erkrankung informieren, ihm eventuell auch Krankenhausberichte zukommen lassen, damit er zu beurteilen vermag, ob und wie er Sie behandeln kann. Aber er sollte bei einer solchen Erkrankung, wenn es notwendig ist, möglichst versuchen, mit dem behandelnden Arzt zusammenzuarbeiten. Dies ist notwendig, wenn Sie mit psychotherapeutischer Unterstützung ausprobieren möchten, ob Sie die Medikamente wieder absetzen können.

10.2.2 Psychopharmaka und Psychotherapie bei Angststörungen

Zu den Angststörungen gehören die *Panikstörungen* mit plötzlichen heftigen Angstattacken, die *Agoraphobie* mit Flucht- und Vermeidungsverhalten in extrem unangenehmen Situationen, die *sozialen Ängste* mit vielfältiger tiefer Verunsicherung gegenüber anderen Menschen sowie die *generalisierte Angststörung* mit fast durchgängig bestehenden unterschiedlichen Ängsten und Befürchtungen. Die *einfachen Phobien* mit Ängsten vor einem ganz bestimmten Objekt oder einer spezifischen Situation wie Tierphobien, Höhenphobie, Examensangst gehören ebenfalls dazu, werden aber nur sehr selten mit Medikamenten über einen längeren Zeitraum behandelt. Die folgenden Aussagen gelten für Angststörungen und nur mit Einschränkungen für solche Ängste, die Teil einer anderen Erkrankung sind, z.B. von Depressionen, was manchmal nicht einfach zu unterscheiden ist.

Wenn Sie also unter einer korrekt diagnostizierten Angststörung leiden, müssen Sie lernen, Ihre Angst zu bewältigen. Es gibt unterschiedliche therapeutische Konzepte hierfür. Eine Psychotherapie kann Ihnen helfen, die Angststörung wieder ganz loszuwerden oder sie doch deutlich zu verringern.

Das entscheidende Grundmuster jeder Therapie der Ängste besteht darin, dass Sie die Angst vor der Angst verlieren und sich der Angst stellen. Dies kann geschehen, indem Sie sich z.B. mit Angst machenden Kindheitserinnerungen auseinander setzen und sie nicht mehr verdrängen. Oder Sie werden sich bewusst, dass die Angst, die sie im Moment verspüren, gar nicht aus der Gegenwart kommt, sondern nur durch die Erinnerung an frühere Ängste wieder aufgewühlt wird. Bei einigen Therapien lernen Sie, absichtlich und bewusst in die Situationen hineinzugehen, in denen Sie die meiste Angst haben. Die verschiedenen Therapiekonzepte sind je nach Art der Angststörung unterschiedlich wirksam.

Aber für alle Therapiekonzepte gilt, dass es notwendig ist, sich mit der Angst auseinander zu setzen, vor ihr nicht wegzulaufen, sie nicht zu vermeiden. Flucht und Vermeidung ist genau das Verhalten, das die Angststörung aufrecht erhält, egal warum sie entstanden sein mag. Denn durch Flucht und Vermeidung setzt sich in Ihrem Kopf die Vorstellung immer mehr fest, dass die Angst stärker ist als Sie selbst und dass Sie sie nicht überwinden können. Und mit dieser Angst vor dem Wiederkommen der Angst, der »Angst vor der Angst«, entsteht ein Teufelskreis, der zur Angststörung werden kann. Der einzige Weg aus diesem Teufelskreis heraus ist die Auseinandersetzung mit der Angst nach dem Motto **»Wo die Angst ist, ist der Weg«**. Als Betroffener wissen Sie, wie schwer es ist, sich der Angst zu stellen. Deshalb benötigen viele Menschen psychotherapeutische Hilfe, wenn die Ängste ein Ausmaß erreicht haben, dass sie die Lebensqualität beeinträchtigen, und wenn sie mit »Bordmitteln«, nämlich dem eigenen Willen, gegen die Angst anzugehen, keinen Erfolg mehr haben.

Der Einsatz von Psychopharmaka bei einer Angststörung ist höchst problematisch und kann die Störung auf Dauer verschlimmern und verfestigen, nämlich dann, wenn Sie als Patient mit einer Angststörung erwarten, dass die Medikamente die Ängste beseitigen. Das ist genau das Verhalten, das die Angststörung aufrecht erhält, weil Sie vermeiden, sich mit der Angst auseinander zu setzen, und gerade nicht den Weg gehen, den die Angst zeigt. Wenn Medikamente zur Angstvermeidung eingesetzt werden, verstärken sie den Teufelskreis der Angst.

Nun werden Sie vielleicht und viele Ärzte bestimmt einwenden, dass es manchen Angstpatienten mit Medikamenten besser geht und oft gar keine andere Hilfe möglich sei. Das ist zum Teil richtig, aber lassen Sie uns die Wirkung der Medikamente einmal genauer betrachten. Es müssen zwei Arten von Medikamenten unterschieden werden:

Die Beruhigungsmittel aus der Gruppe der Tranquilizer wie Valium, Tavor, Tranxilium usw. reduzieren die Angst sehr schnell bis hin zur völligen Angstfreiheit. Das ist für einen Menschen mit Angstzuständen eine riesige Erleichterung, jedoch nur für eine kurze Zeit. Die Angst kann in der nächsten kritischen Situation wiederkommen, möglicherweise sogar schlimmer als vorher, vor allem, wenn dieses Medikament über einen längeren Zeitraum eingenommen wird, so dass Sie es immer weiter und womöglich immer mehr davon einnehmen. Diese Gruppe von Medikamenten macht nicht nur psychisch sondern auch körperlich abhängig und darf von Angstpatienten nicht über längere Zeit eingenommen werden, jedenfalls dann nicht, wenn Sie Ihre Angststörung wieder loswerden wollen.

Wenn ein Arzt einem Patienten in einem akuten Angstzustand oder in einer besonders angstmachenden Situation, z.B. vor einer Prüfung, einen Tranquilizer gibt oder sogar eine Packung verschreibt, müsste er verpflichtet werden, den Patienten über die Notwendigkeit einer Psychotherapie aufzuklären als die einzige dauerhaft wirksame Behandlung einer Angststörung. Genau das geschieht leider häufig nicht. Das Medikament wird Ihnen vielleicht einfach ohne Aufklärung gegeben.

Und manche Ärzte, hoffentlich werden es langsam weniger, haben wirklich keine Ahnung von den psychologischen Mechanismen der Angststörungen. Sie freuen sich mit Ihnen an der positiven Wirkung des Medikaments. Und wenn die Ängste immer wieder kommen oder gar zunehmen, wird erst einmal die Dosierung gesteigert. Sie sind nun vielleicht sogar ein von ihm und seinen Medikamenten abhängiger Patient geworden. Wenn der Arzt merkt, dass Sie von den Medikamenten nicht mehr wegkommen und die Behandlung ihm zu riskant wird, schickt er Sie vermutlich nicht zum Psychotherapeuten, denn wenn er daran denken würde, hätte er es gleich von Anfang an getan. Und wenn Sie Pech haben, werden Sie an einen Psychiater verwiesen, der es selbst noch einmal mit anderen Medikamenten versucht, ohne einen Psychotherapeuten einzuschalten. Vielleicht werden Ihnen sogar Vorhaltungen gemacht, dass Sie so lange Tranquilizer eingenommen haben. Den ärztlichen Kollegen, die solange diese Medikamente verschrieben haben, werden üblicherweise keine Vorwürfe gemacht.

In der Psychotherapie ist es schwieriger, mit Angstpatienten unter Tranquilizereinfluss zu arbeiten. Manche Therapeuten lehnen dies auch grundsätzlich ab. Denn einerseits sollen Sie lernen, sich der Angst zu stellen, andererseits vermeiden Sie die Angst durch die Tranquilizer. Das ist eine sehr schwierige und widersprüchliche Therapiesituation. Manche Patienten können sich ein Leben ohne diese Sorte von Medikamenten gar nicht mehr vorstellen und haben sich darauf eingestellt, ihr weiteres Leben mit Tranquilizern zu verbringen. Es hängt von der Heftigkeit der verbliebenen Ängste, den Einschränkungen der Aktivitäten durch die Ängste und von der Stärke der Nebenwirkungen der Medikamente ab, welche Lebensqualität diese Patienten haben. Wenn Sie als Patient gut motiviert sind und wirklich wegkommen wollen von der Angst **und** den Tranquilizern, besteht die Chance für eine erfolgreiche Psychotherapie, bei der Psychotherapeut und Arzt eng zusammenarbeiten sollten.

Die anderen Medikamente (Antidepressiva, niedrig dosierte Neuroleptika, Betablocker), die bei Angststörungen eingesetzt werden, können auf indirekte Weise die Angst reduzieren, haben aber meistens nicht diesen erleichternden Effekt der Tranquilizer. Sie sind häufig mit subjektiv unangenehmen Nebenwirkungen oder anderen medizinischen Risiken verbunden. Sie werden bei

Angststörungen nicht auf längere Sicht verschrieben und auch oftmals nicht so gern von den Patienten eingenommen. Deshalb führen sie nur selten zu einer Abhängigkeit und können bei Wirksamwerden einer Psychotherapie auch wesentlich leichter abgesetzt werden.

Nun werden viele Ärzte argumentieren, dass sie oft erlebt haben, dass es Patienten mit Ängsten durch eine medikamentöse Behandlung wieder so gut ging, dass die Beschwerden nicht mehr auftraten. Das ist in der Tat möglich. Vor allem, wenn die Ängste noch auf eine zeitlich begrenzte psychische Krise beschränkt waren und der Teufelskreis der Angst vor der Angst sich noch nicht etabliert hat, kann eine kurzzeitige Gabe von Medikamenten so weit über die Krise hinweghelfen, bis die Selbstheilungskräfte des Patienten wieder funktionieren und sich gar nicht erst eine vollständige Angststörung herausbildet.

Oft sind Symptome auch so belastend, z.B. schwere Schlafstörungen, dass erst einmal mit einer medikamentösen Behandlung begonnen werden muss. Ärzte müssen auch oft genug sofort mit Medikamenten reagieren, weil Psychotherapeuten kurzfristig keinen Therapieplatz frei haben. Und auch nicht alle Psychologen sind dafür qualifiziert, auf ganz akute Probleme rasch und wirksam zu reagieren. Auf jeden Fall tut der Arzt gut daran, wenn er Sie von Anfang an darauf hinweist, dass die Medikamente nur eine provisorische Maßnahme sind und dass Sie, sollten die Ängste länger bestehen, einen Psychotherapeuten aufsuchen sollten. Vor allem aber sollte er bei Ihnen nicht die falsche Hoffnung wecken, dass es möglich ist, Angststörungen durch die Einnahme von Medikamenten über Monate oder gar Jahre hin beseitigen zu können.

Es dauert durchschnittlich mehrere Jahre, bis Patienten mit Angststörungen eine wirksame Psychotherapie erhalten. Nach meinen Beobachtungen sind die medikamentösen »Behandlungen«, mit denen ärztlicherseits zu lange herumprobiert wird, die Hauptursache für den viel zu späten Behandlungsbeginn. Denn Angststörungen sind eindeutig erfolgreicher psychotherapeutisch zu behandeln, wenn die Therapie so rasch wie möglich beginnt.

Eine medikamentöse Behandlung bei Angststörungen ist, von ganz besonderen Fällen abgesehen, nur 1. in einer akuten Krise vertretbar, wenn der Arzt gleichzeitig über die Psychotherapie informiert, 2. solange noch kein geeigneter Psychotherapieplatz zur Verfügung steht oder 3. bei erfolglosen Psychotherapien, solange neue Therapieanläufe keinen Sinn machen.

10.2.3 Psychopharmaka und Psychotherapie bei anderen psychischen Erkrankungen

Es gibt außer den bisher beschriebenen schweren Depressionen, Psychosen und Angststörungen sehr viele unterschiedliche Störungen, bei denen Psychopharmaka verordnet werden. Hierunter fallen die leichteren Formen der Depressionen, psychosomatische Störungen, Reaktionen auf schwere Belastungen, Anpassungsstörungen, Essstörungen und andere. Im Grunde genommen können für alle Störungen im psychischen Bereich und auch bei vielen körperlichen Beschwerden Psychopharmaka verschrieben werden. Sie können sowohl hilfreich sein als auch negative Konsequenzen haben. Als betroffener Patient sollten Sie sich folgende Überlegungen durch den Kopf gehen lassen:

– Wenn ein Symptom durch psychische Probleme verursacht wurde, wird ein Medikament es nicht beseitigen. Es kann Ihnen in vorübergehenden absehbaren Krisen soweit eine Erleichterung verschaffen, bis Sie wieder ohne Medikamente Ihre Probleme lösen können. Allerdings sollten Sie dabei auch die möglichen Nebenwirkungen berücksichtigen.

- Zu den Selbstheilungskräften, die in jedem Menschen auch bei psychischen Problemen stecken, gehört auch ein klarer Kopf mit einer guten Wahrnehmung auch der schwierigen und belastenden Aspekte des Lebens, um zu einer realistischen Beurteilung eines Problems zu kommen und es schließlich auch zu lösen. Psychopharmaka können den klaren Kopf beeinträchtigen und Ihre Problemlösefähigkeit dadurch behindern. Achten Sie darauf, damit Sie merken, wenn Medikamente Ihnen mehr schaden als nützen.
- Wenn die als Krisenbewältigung gedachten Medikamente nicht ausreichen und eine längere Behandlung mit Psychopharmaka von Ihrem Arzt vorgeschlagen wird, überlegen Sie sorgfältig, ob nicht eine Psychotherapie angebrachter ist. Wenn Ihr Arzt sich dagegen ausspricht, fragen Sie ihn genau nach seinen Gründen. Dann werden Sie auch merken, ob er gute sachliche Argumente, ob er nur von Psychotherapie keine Ahnung oder ob er generell etwas gegen Psychotherapeuten hat. Bei den in diesem Unterkapitel zur Diskussion stehenden psychischen Störungen gibt es nur in Ausnahmefällen sachliche Gründe, eine Psychotherapie abzulehnen und stattdessen eine längere Behandlung mit Psychopharmaka durchzuführen.
- Wenn Sie sich für eine Dauermedikation entschieden haben sollten oder Sie keine andere Wahl hatten, behalten Sie sich die Möglichkeit offen, zu einem späteren Zeitpunkt eine Psychotherapie zu beginnen. Es gibt Therapeuten, die helfen Ihnen mit dem notwendigen langen Atem und in Zusammenarbeit mit Ihrem Arzt, auch nach einer langjährigen Dauermedikation die Medikamente abzusetzen oder wenigstens zu re-

duzieren, indem Sie in der Therapie lernen, die dabei auftretenden psychischen Probleme zu bewältigen. Wenn Sie wirklich etwas verändern wollen, ist es für eine Psychotherapie nie zu spät.

10.3 Können Sie mit Ihrem psychologischen Psychotherapeuten über Medikamente sprechen?

Grundsätzlich darf es in der Psychotherapie keine Tabuthemen geben. Sie müssen als Patient immer alles, was Ihnen wichtig ist, ansprechen können, also auch das Thema Medikamente.

Wenn Sie mit dem Psychologen über Ihre Medikamente reden möchten, haben Sie vermutlich mit Ihrem Arzt nicht alle Ihre Fragen dazu besprechen können. Vielleicht haben Sie den Eindruck, dass Ihr Arzt, sei es aus Zeitmangel, sei es aus anderen Gründen, Ihre Überlegungen, Ängste und Hoffnungen zum Verändern, Erhöhen oder Absetzen der Medikation nicht so richtig ernst nimmt, oder Sie haben Zweifel an seiner Beurteilung. Vielleicht wollen Sie auch vom Psychologen wissen, was er von Ihren Medikamenten hält. In der Psychotherapie steht mehr Zeit zur Verfügung, und wenn Sie sich von dem Psychologen verstanden fühlen, liegt Ihr Wunsch nahe, mit ihm über die Medikamente zu sprechen.

Auch wenn Sie, wie gesagt, alle Themen in der Therapie ansprechen dürfen, kann es sein, dass der Therapeut es trotzdem ablehnt, über die Medikamente ausführlicher zu sprechen. Er wird Sie dann vermutlich erst einmal mit Ihrem Anliegen an den Arzt verweisen, der

Ihnen die Medikamente verschreibt. Dies kann verschiedene Gründe haben. Vielleicht hat er kein Wissen und keine Meinung zu diesen speziellen Medikamenten, oder lehnt es sogar grundsätzlich ab, darüber zu sprechen. Es wäre natürlich gut für Sie, wenn er dies begründete, weil Sie dann wüssten, woran Sie bei ihm sind mit dem Thema »Medikamente«. Er kann aber auch die Befürchtung haben, durch ein Gespräch mit Ihnen über Medikamente selbst in Konflikte mit Ihrem Arzt zu geraten oder Sie in eine Konfliktsituation mit Ihrem Arzt zu bringen. Deshalb können Sie vom Psychologen nicht unbedingt eine offene Meinung zu Ihren Medikamenten erwarten.

Am besten ist es, wenn Sie darauf hinweisen, dass Sie von ihm keine Empfehlung hören wollen, sondern dass Sie das Gespräch nutzen wollen, Ihre eigenen Überlegungen und Sorgen zu den Medikamenten zu besprechen und zu ordnen, und zwar in aller Ruhe, die vielleicht bei Ihrem Arzt nicht gegeben ist, damit Sie Ihre Anliegen beim nächsten Arztbesuch zielstrebiger vortragen können. Die meisten Psychologen wollen nämlich berechtigterweise nicht, dass Sie im Gespräch mit Ihrem Arzt über die Medikamente seinen Argumenten entgegenhalten: »Aber der Psychologe ist anderer Meinung«.

Wenn der Psychologe und der Arzt unterschiedliche Auffassungen zur Medikamenteneinnahme haben, sollten beide sich am besten direkt darüber verständigen und nicht über den Patienten. Oft entstehen nämlich die unterschiedlichen Meinungen zwischen dem Arzt und dem Psychologen nur, weil sie verschiedene Informationen über den Patienten haben. Und dann ist es sinnvoll, sich erst einmal auszutauschen und ein abgestimmtes Gesamttherapiekonzept zu entwickeln anstatt sich gegenseitig etwas vorzuwerfen. Wenn diese Fragen geklärt sind, sind viele Psychologen auch bereit, mit dieser Perspektive über Ihre Medikamente zu sprechen. Ich arbeite mit einigen Psychiatern und Hausärzten hervorragend zusammen und es ist kein Problem, wenn wir Medikamentenfragen im persönlichen Gespräch am Telefon besprechen. Im Gegenteil, sie begrüßen diesen kollegialen Austausch. Aber es gibt auch den einen oder anderen Arzt, da muss ein Psychologe jedes Wort über Medikamente vorher auf die Goldwaage legen, um ihn nicht zu verprellen. Nicht nur Psychotherapeuten, auch Ärzte anderer Fachrichtungen sind nur Menschen.

Es kann also auch die Situation eintreten, dass der Psychologe berechtigte Zweifel an Ihrer Medikation hat, aber mit dem Arzt darüber nicht zu reden ist. Dann wird der Psychologe vor der Frage stehen, ob und wie er Ihnen seine kritische Haltung mitteilt. Es kann sein, dass er Ihnen in angemessener Form mitteilt, dass die längere Verschreibung von Tranquilizern bei Angststörungen ohne Verweis auf eine Psychotherapie vielleicht sogar als Kunstfehler zu bewerten sei. Ansonsten können Psychologen dem Patienten helfen, sich selbst Klarheit über sein Medikamentenproblem zu verschaffen, ohne ihm ihre Meinung aufzudrängen. Ich führe solche Gespräche mit der Zielrichtung, dass dem Patienten bewusst wird, dass die letzte Verantwortung für seine Gesundheit und damit auch für die Medikamente, die er zu sich nimmt, bei ihm selbst liegt. Dabei versuche ich ihm zu helfen, dass er herausfindet, wie er diesem Anspruch am besten gerecht werden kann. Das setzt allerdings eine einigermaßen stabile psychische Verfassung des Patienten voraus, in der er sich mit diesem schwierigen Thema auch wirklich auseinander setzen kann. Die Eigenverantwortung des Patienten für die Medikamenteneinnahme darf nicht überstrapaziert werden und muss aufbauen auf die ärztliche Beratung und Empfehlung.

11 Therapeutenwechsel?

11.1 Wann sollte man den Therapeuten wechseln?

Ein Therapeutenwechsel kann dann erforderlich sein, wenn die Therapie keine Fortschritte mehr macht oder sogar negative Wirkungen hat und wenn Sie gleichzeitig die Fortsetzung der Therapie für notwendig halten.

11.1.1 Die Therapie bringt keine Fortschritte

Wenn Sie in der Therapie keine Fortschritte mehr feststellen, obwohl Sie noch eine Therapie brauchen, sollten Sie, wenn irgend möglich, mit Ihrem Therapeuten darüber sprechen.

Dabei ist es entscheidend, dass Sie ihm auch sagen, dass Sie über den Therapieabbruch oder einen Therapeutenwechsel nachdenken, damit ihm wirklich das Ausmaß Ihrer Unzufriedenheit klar wird. Nun kann es sein, dass er doch noch gute Ideen für Ihre Therapie hat, aber diese aus irgendwelchen Gründen noch nicht angesprochen hat, z.B. weil er vielleicht meinte, Sie damit noch zu überfordern. Wenn Sie sagen, dass Sie in der Therapie mehr erreichen wollen als bisher, kann dies ein hervorragender Anstoß für eine neue erfolgreiche Therapieetappe sein. Wenn Sie aber Ihre Unzufriedenheit mit den mangelnden Therapiefortschritten nicht mit Ihrem Therapeuten besprechen, ist es sehr gut möglich, dass Sie aufgrund eigener unbewusster Mechanismen aus der Therapie flüchten und dann in der nächsten Therapie auf dasselbe Problem stoßen. Es kann aber auch sein, dass Sie merken, dass weitere Gespräche mit einem Therapeuten aufgrund dessen Verhaltens einfach sinnlos sind.

Wenn trotz der offenen Aussprache über den unzureichenden Therapiefortschritt sich nichts ändert oder wenn Ihr Therapeut sogar ablehnend auf Ihre Kritik reagiert, dann wird es vermutlich notwendig sein, dass Sie die Therapie beenden und sich einen neuen Therapeuten suchen. Manchmal ist es auch in einer solchen Situation sinnvoll, eine Therapiepause zum Nachdenken für beide Seiten einzulegen.

11.1.2 Konflikte in der Therapie sind nicht mehr lösbar

Wenn ein belastender Konflikt trotz Aussprache nicht aufgelöst werden kann, sollten Sie an einen Therapeutenwechsel denken.

Therapien können auch an ungelösten Konflikten zwischen Patient und Therapeut scheitern. Meist geht es einher mit mehr oder weniger heftigem Ärger, vielleicht sogar mit Wut. Es kann aber auch sein, dass Sie nur sehr deprimiert und pessimistisch sind. All dies kann leicht dazu führen, dass auch die therapeutische Beziehung überfordert wird und dass Sie mit Ihrem Therapeuten nicht gut über den Konflikt sprechen können. Ihr Therapeut sollte aber auch in der Lage sein, einen Konflikt zu besprechen und konstruktiv zu beenden (Kap. 4.6). Sofern noch ein guter Draht zum Therapeuten vorhanden ist, sollten Sie dem Therapeuten mitteilen, dass Sie überlegen, die Therapie abzubrechen. So geben Sie dem Therapeuten und vor allem auch sich selbst noch die Chance, die Therapie zum Besseren zu wenden. Wie gesagt, durch einen gut bewältigten Konflikt werden Sie mit Sicherheit einen wichtigen Fortschritt erzielen.

11.1.3 Die Therapie schadet Ihnen

Es gibt keinen anderen Maßstab für den Erfolg einer Psychotherapie als die Zunahme Ihres Wohlbefindens.

Wenn Sie aber feststellen, dass es Ihnen nicht nur nicht besser geht, sondern sogar schlechter, und dies anscheinend im Zusammenhang mit der Therapie steht, sollten Sie dies auch in der Therapie zur Sprache bringen. Wenn die Verschlechterung Ihrer Verfassung über einen längeren Zeitraum – als Anhaltspunkt kann man fünf Sitzungen zugrunde legen – weitergeht, stellt sich die Frage, ob die Therapie Ihnen schadet und ob sie nicht lieber beendet werden sollte. Verletzungen und Nachteile durch eine Psychotherapie kann ein Patient meistens nicht so einfach und direkt erkennen. Aber die folgenden Erläuterungen können Ihnen vielleicht dabei helfen.

11.2 Verletzungen und Schäden durch Therapeuten

Verletzungen, die ein Therapeut Ihnen zufügen kann, können sehr unterschiedlicher Art sein.

11.2.1 Sexueller Missbrauch in der Therapie

Vor Mitte der 80er Jahre war das gesamte Thema sexueller Missbrauch durch Angehörige und nahe »Freunde« tabu. Ich habe in den ersten zehn Jahren meiner Arbeit in der Akutpsychiatrie keine Patientin mit einer Missbrauchsproblematik kennen gelernt. Das lag aber nicht daran, dass es noch keinen sexuellen Missbrauch gab, sondern das Thema galt als ein so totales Tabu, dass wir Psychologen und auch die Psychiater gar nicht auf die Idee kamen, danach zu fragen. Die Patientinnen sprachen nicht darüber, weil Sie spürten, dass ihnen sowieso niemand glaubt. Rückblickend habe ich den Eindruck, dass die Depressionen sexuell missbrauchter Patientinnen leicht als endogene stoffwechselbedingte Depressionen »ohne psychologischen Grund« diagnostiziert wurden.

Erst nachdem der sexuelle Missbrauch von Kindern und Jugendlichen durch eigene Familienangehörige, die die Abhängigkeit der Betroffenen ausnutzten, zum öffentlichen Thema wurde, bekamen auch die sexuellen Beziehungen zwischen Therapeuten und Patienten größere Aufmerksamkeit. Es ist inzwischen unbestritten, dass ein Therapeut oder eine Therapeutin in der Therapie keine sexuelle Beziehung eingehen darf, weil es mit dem Risiko eines größeren Schadens für die Patientin oder den Patienten behaftet ist. Dies gilt völlig unabhängig davon, »von wem es ausging«. Auch wenn ein Patient oder eine Patientin versucht, den Therapeuten oder die Therapeutin zu verführen, so liegt es ausschließlich in der Verantwortung der Therapeuten, ob es zu einem sexuellen Kontakt kommt.

Diese Sichtweise setzte sich in jahrelangen Überlegungen der Ärzte und Psychologen durch und ist heute unumstritten. Die Patienten werden immer ermutigt, auch in diesem Buch, sich dem Therapeuten anzuvertrauen. Die natürlichen Hemmungen und Schutzmechanismen, die in Alltagsbeziehungen wirksam sind, werden durch die Therapie reduziert, so dass besonders leicht romantische und erotische Gefühle auf beiden Seiten ausgelöst werden können (Kap. 5.4.5). Es ist Aufgabe des Therapeuten, dass in der Therapie mit diesen Gefühlen verantwortungsbewusst umgegangen wird und es nicht zu sexuellen Kontakten kommt. Das gilt für alle körperlichen Berührungen, die nicht Teil der Therapie sind, sondern sexuell motiviert sind. Seit 1998 wird in Deutschland sexueller Missbrauch »unter Ausnutzung eines Beratungs-, Behandlungs- oder Betreuungsverhältnisses« mit bis zu 5 Jahren Freiheitsentzug bestraft (§ 174 c des Strafgesetzbuches).

Wenn Sie in einen sexuellen Kontakt zu Ihrem Therapeuten oder Ihrer Therapeutin geraten und dadurch belastet sind, sollten Sie sich Hilfe bei einem anderen Therapeuten suchen, und zwar unabhängig davon, ob Sie sich schuldig fühlen oder nicht. In aller Regel ist der Therapeut, zu dem die sexuellen Kontakte bestanden haben, nicht in der Lage, Ihnen bei diesem Problem zu helfen. Dem neuen Therapeuten sollten Sie möglichst früh über den sexuellen Missbrauch in der Therapie berichten, damit Sie merken, wie er mit diesem Thema umgeht. Denn nur ein Therapeut, der den Missbrauch ernst nimmt und nicht bagatellisiert, kann Ihnen helfen, ihn zu verarbeiten. Bei einem Therapeuten, der Sie für mitschuldig hält, wird es Ihnen nur noch schlechter gehen, weil er zumindest in Gedanken denselben Fehler macht wie der missbrauchende Therapeut. Dabei ist zu bedenken, dass es auch zu den Zielen einer Therapie der Folgen eines sexuellen Missbrauchs gehört, zu verstehen, wie Sie als Opfer in den Missbrauch hineingeraten sind und welche eigenen Sehnsüchte, z.B. nach Geborgenheit, und Ängste vor angedrohten schlimmen Strafen, falls Sie darüber reden, eine Rolle gespielt haben. Jedenfalls tragen Sie keine Schuld bei einem sexuellen Missbrauch als abhängiges Kind oder abhängiger Jugendlicher und auch nicht als betroffener Patient. Denn die Verantwortung für das Handeln des Therapeuten liegt allein bei ihm. Sie haben sich notwendigerweise in seine Abhängigkeit begeben, um Hilfe zu bekommen, und nicht um sexuell ausgenutzt zu werden.

Natürlich ist es wünschenswert, dass der Therapeut für seine Straftat bestraft wird, auch um weitere Patientinnen und Patienten zu schützen. Ob Sie die Kraft zu einer Anzeige jetzt oder später aufbringen, sollten Sie mit dem neuen Therapeuten oder mit guten Freunden besprechen. Weitere Informationen über das Thema des sexuellen Missbrauchs in der Therapie und das Verfahren gegen missbrauchende Therapeuten erhalten Sie bei der Psychotherapeutenkammer und der Ärztekammer Ihres Bundeslandes (s. Anhang).

11.2.2 Die Wiederholung eines Traumas in der Psychotherapie (Retraumatisierung)

Die wohl häufigste Form einer schwerwiegenden psychischen Verletzung während einer Therapie besteht darin, dass eine schlimme, seelisch nicht bewältigte Erfahrung in den Gesprächen wieder erinnert und aktiviert wird, ohne dass dies zu einer Bewältigung führt. Retraumatisierungen können bei unterschiedlichsten Erinnerungen erfolgen und sind oft nicht so leicht zu durchschauen wie bei dem folgenden Beispiel, das ich zur Erläuterung gebe.

Z. B. wurden Sie von Ihren Eltern schwer misshandelt. Sie haben dies als so schlimmen Übergriff auf Ihre Person empfunden, dass Sie bisher nicht in der Lage waren, mit irgendeinem Menschen darüber zu sprechen, weil die Erinnerung daran Ihnen einfach zu weh getan hat. Aber Sie merken, dass es Sie belastet, dass Sie oft unberechtigt misstrauisch sind oder zeitweise in Depressionen abrutschen oder bestimmte Szenen im Kino oder Fernsehen nicht anschauen können. Sie gehen in eine Therapie und hoffen auf Hilfe, vielleicht ist Ihnen noch nicht einmal bewusst, dass Ihre Probleme mit den Schlägen zusammenhängen. Jetzt sind Sie irgendwann in der Therapie so weit, über das Thema zu sprechen. Ihr Therapeut nimmt das Problem nicht so ernst, wie es für Sie ist. Dies zeigt er Ihnen durch sein Verhalten und Bemerkungen wie die, Sie sollten die paar Schläge doch nicht so schlimm bewerten, oder dass es andere viel schlimmer getroffen habe oder dass Sie es rasch vergessen sollten. Er zeigt Ihnen durch solche Äußerungen, dass Sie von ihm noch keine Hilfe bekommen können, weil er die Tiefe Ihrer Not noch gar nicht wahrnimmt, dies vielleicht auch nicht kann oder will.

Nun ist es aber nicht damit getan, dass Sie nicht mehr mit ihm darüber sprechen oder die Therapie abbrechen. Denn die Erinnerung tut erneut weh, fast wie beim ersten Mal, und Sie schwören sich, jetzt mit wirklich niemandem mehr darüber zu sprechen. Denn wenn nicht einmal ein Therapeut Sie versteht, dann kommen oft ganz eigentümliche schlimme Gedanken auf. »Vielleicht bin ich ja wirklich auch selbst schuld daran, dass ich das alles so empfindlich nehme.« »Ich bin doch nicht normal, dass ich die Vergangenheit nicht ruhen lassen kann.« »Ich bin bestimmt an den Schlägen meiner Eltern selbst schuld gewesen, weil ich ein unmögliches Kind war und immer noch ein unmöglicher Mensch bin.« Solche Gedanken verschlimmern Ihre psychische Situation, und für diese Verschlimmerung ist der Therapeut verantwortlich, der mit Ihrem Leid therapeutisch nicht richtig umgegangen ist. Wenn Sie sich dies bewusst machen, werden Sie nicht mehr das Scheitern der Therapie auf Ihr Schuldkonto schreiben und behalten den Mut für einen therapeutischen Neuanfang.

Es ist aber ein wichtiger Unterschied zu machen: Vielleicht hat der Therapeut trotz Ihrer Hinweise, die vielleicht doch nicht so eindeutig waren, wie Sie meinten, einfach nicht gemerkt, wie sehr die Schläge von früher Sie heute noch belasten. Jedem Therapeuten kann es passieren, dass er Probleme unterschätzt, schließlich hat er als Mensch auch seine blinden Flecken, z. B. auch was die Tiefe der seelischen Verletzung eigener Schläge angeht, die er selbst früher vielleicht bekommen hat. Wenn Sie insgesamt ein gutes Gefühl zu Ihrem Therapeuten haben, aber er äußert sich in einem für Sie wichtigen Thema so, dass es Sie verletzt, sollten Sie dies ansprechen (»Ihre Bemerkung tut mir weh.«), soweit die Heftigkeit der Verletzung es Ihnen möglich macht. Vielfach ergibt sich dann ein wirklicher Therapiefortschritt.

Aber es kann sich auch herausstellen, dass es nicht möglich ist, mit diesem Therapeuten über Ihr verletztes, enttäuschtes und gekränktes Gefühl zu sprechen. Obwohl Sie es deutlich, vielleicht sogar mehrfach versucht haben, lässt sich Ihr Therapeut darauf nicht ein. Dann wird Ihnen vermutlich kein anderer Weg bleiben, als die Therapie zu beenden und sich so vor weiteren Verletzungen zu schützen. Manchmal kann in solchen Krisen auch eine Therapiepause Sinn machen, in der Sie, aber auch der Therapeut den Konflikt noch einmal aus einem gewissen Abstand heraus und vielleicht auch mit einer neuen Perspektive sehen können. Aber Sie sollten sich nicht scheuen, Ihre Probleme mit einem anderen Therapeuten anzugehen, wenn das Vertrauen zu einem Therapeuten nicht mehr vorhanden ist, um endlich diese schwerwiegende seelische Last loszuwerden.

Die Therapie mit Patienten, die in einer vorangegangenen Behandlung auf diese oder ähnliche Weise retraumatisiert wurden, kann sehr schwierig sein, weil der »neue« Therapeut Ihre möglicherweise anfängliche Zurückhaltung ja nicht automatisch durchschaut. Sie können ihm dabei helfen, indem Sie über die schlimmen Gefühle in der letzten Therapie berichten. Therapeuten werden meistens versuchen, sich ein möglichst genaues Bild zu machen, welche emotionalen Prozesse bei den Patienten in vorangegangenen Therapien abgelaufen sind, was dort hilfreich, aber eben auch, was dort belastend war.

Wenn Ihnen bewusst ist, dass das Scheitern einer Therapie gar nicht Ihre »Schuld« ist, sondern dass Ihr Therapeut für Ihr Problem keine erfolgreiche Behandlungsstrategie gefunden hat, dann ist auch das Risiko einer erneuten Retraumatisierung bei einem weiteren Therapeuten wesentlich geringer. Sie werden sehr schnell merken, ob er Ihnen helfen kann oder nicht und werden sich nicht erneut belasten.

11.2.3 Andere Verletzungen in der Psychotherapie

Es ist nicht möglich, alle Verletzungen, die in einer Psychotherapie geschehen können, hier zu behandeln, weil ja alle schwierigen Themen des Lebens in einer Therapie zur Sprache kommen können. So, wie es sehr entlastende Situationen in der Therapie geben kann, kann eine Therapie auch manchmal bedrückende Effekte haben. Wenn in einer Therapie etwas Schlimmes passiert, was Sie nachhaltig bedrückt, dann versuchen Sie es nicht klein zu reden, indem Sie es als Ihr Versagen oder Ihre Schuld akzeptieren. Sprechen Sie mit Ihrem Therapeuten darüber, aber lassen Sie sich keine Schuldgefühle einreden und auch nicht unterschwellig suggerieren. Sie haben als Patient nun einmal bestimmte psychische Probleme. Sie müssen auch alles aussprechen können, was Ihnen durch den Kopf geht, und deshalb gehört es auch dazu, dass Sie in mancher Hinsicht superempfindlich oder leicht aggressiv werden (natürlich nur verbal). Die Therapie soll Ihnen helfen, aus diesem Zustand, in dem Sie nun einmal sind, herauszufinden. Wenn der Therapeut Ihnen einfach nur vorwerfen sollte, dass Sie ihm gegenüber zu empfindlich, zu aggressiv oder zu negativ sind, weil Sie Ihre Verletzungen angesprochen haben, arbeitet er nicht gut. Der Therapeut soll Ihnen doch bei der Bewältigung gerade dieser Probleme helfen.

Es ist Hilflosigkeit eines Therapeuten, wenn er unsensibel auf Ihre Empfindlichkeiten reagiert, wenn er gar verletzende Äußerungen macht und auf Ihre deutlich geäußerte Betroffenheit oder auch Wut nicht eingeht, sondern sich nur ablehnend verhält.

11.3 Was ist beim Therapeutenwechsel zu beachten?

Die alte Therapie sollte möglichst mit Überlegung beendet werden, und die neue Therapie sollte die alten Erfahrungen berücksichtigen.

Über die Formalitäten, die Sie mit Ihrer Krankenkasse bei einem Therapeutenwechsel abzuklären haben, stehen einige Informationen im Kap. 12.2.

11.3.1 Die Trennung vom alten Therapeuten

Man sollte einen Therapeuten nicht einfach wechseln, weil es irgendwelche Probleme in der Therapie gibt.

Denn wenn Sie in Wirklichkeit nur unbewusst Ihren Problemen ausweichen, aber meinen, Ihr Therapeut sei nicht gut, werden Sie wahrscheinlich beim nächsten Therapeuten ähnliche Probleme haben und nicht weiterkommen. So geht es manchen Patienten, die laufend ihre Ärzte wechseln, so dass den Problemen nicht richtig auf den Grund gegangen werden kann. Bei einem zu raschen Therapeutenwechsel nehmen Sie sich vielleicht die Chance, wichtige Fortschritte im Verständnis und der Lösung bestimmter Probleme zu erzielen.

Wenn irgend möglich – aber nicht um jeden Preis! – sollten Sie in der alten Therapie wirklich Ihre ganze Unzufriedenheit aussprechen und damit dem Therapeuten die Möglichkeit geben, Sie genauer als bis dahin kennen zu lernen, dadurch neue Impulse einbringen zu können und auch Fehler in seiner bisherigen Therapie zu korrigieren.

Wenn sich aber herausstellt, dass trotz Ihrer deutlich ausgesprochenen Unzufriedenheit keine Besserung in Sicht ist, kann diese Therapie im positiven gegenseitigen Einvernehmen beendet werden. Damit wird der Weg für Sie frei für einen anderen Therapeuten. Außerdem steht Ihnen in diesem Fall die Tür für eine erneute Therapie bei diesem Therapeuten offen. Vielleicht ist er später ja gerade der richtige Therapeut, denn unsere psychischen Probleme sind ziemlich unberechenbar.

Ein einvernehmlicher Abbruch einer Therapie ist aber nicht mit allen Therapeuten möglich.

Wenn Ihr Therapeut auf Ihre kritischen Bemerkungen hin gefühlsmäßig spürbar ablehnend reagiert, macht es keinen Sinn, mit ihm über den unbefriedigenden Therapieverlauf zu reden. Zwar muss er nicht Ihrer Kritik zustimmen. Im Gegenteil, das kann ganz fatal sein, wenn er sich einfach an Ihre Meinung anpasst, dann werden Sie nämlich auch nicht weiterkommen. Aber er muss sich ehrlich mit Ihren Gedanken und Gefühlen auseinander setzen, so dass Sie merken, dass er Sie ernst nimmt. Und wenn er dies nicht kann, machen die Gespräche für Sie keinen Sinn mehr, sondern können Sie sogar zusätzlich belasten.

Auch wenn Ihr Therapeut Sie verletzt und gekränkt hat, kann es sein, dass Sie nicht mehr mit ihm weiterarbeiten können und ihm dies auch nicht mehr sagen können, nämlich wenn die Verletzung so tief gegangen ist, dass Sie eine erneute Enttäuschung oder Verletzung nicht mehr riskieren wollen. Unter diesen Umständen ist es verständlich und unausweichlich, dass Sie die Therapie abbrechen, ohne mit Ihrem Therapeuten darüber gesprochen zu haben. Sie sollten in diesem Fall aber unbedingt mit einer dritten Person über das Problem sprechen. Denn es sollte geklärt werden, ob eventuell bei Ihnen eine korrigierbare Überempfindlichkeit vorliegt. Vielleicht können Sie sich sogar von einem anderen Therapeuten in probatorischen Sitzungen (Kap. 12.2) zur Frage des Therapieabbruchs beraten lassen.

11.3.2 Der Beginn einer neuen Therapie

Wenn Sie eine Psychotherapie bei einem anderen Therapeuten fortführen, sollten Sie ihm so bald wie möglich Ihre Gründe für den Wechsel darlegen.

Es ist verkehrt, aus Angst vor einem negativen Bild bei dem neuen Therapeuten den Therapieabbruch oder Ihre wirklichen Gründe dafür zu verschweigen. Sie belasten wahrscheinlich die neue Therapie erheblich, wenn Sie etwas derartig Wichtiges verheimlichen. Wenn Sie sich von dem alten Therapeuten einvernehmlich getrennt haben, kann es durchaus sehr sinnvoll sein, wenn beide Therapeuten, natürlich nur mit Ihrer Zustimmung, sich über Ihre Probleme unterhalten.

Sollten Sie aber von der anderen Therapie noch so verletzt sein, dass Sie Angst haben, darüber zu sprechen und womöglich erneut verletzt zu werden, können Sie sich behutsam an das Thema herantasten. Sie müssen nicht sofort alle Probleme direkt ansprechen, sondern Sie können erst einmal sehen, wie dieser Therapeut auf Andeutungen reagiert. Am besten sagen Sie ihm, dass Sie noch nicht das volle Vertrauen haben, über ein schwieriges Problem zu sprechen. Ein guter Therapeut wird dies akzeptieren und Ihnen helfen, an den Kern des Problems heranzukommen, ohne Sie zu bedrängen. Aber Sie sollten sich bewusst machen, dass alte Verletzungen, auch durch eine Therapie, nicht unter den Teppich gekehrt werden sollten, weil dann die Angst vor diesem Thema Sie dauerhaft beeinträchtigt.

Wenn es erforderlich ist, scheuen Sie sich nicht, einen neuen Therapeuten zu suchen, und bemühen Sie sich, mit ihm die ungelösten Schwierigkeiten der abgebrochenen Therapie zu besprechen.

12 Informationen für den Beginn einer Psychotherapie

12.1 Wie kommen Sie zu einem Psychotherapeuten? Der Rechtsanspruch auf Psychotherapie

Sie können *als Kassenpatient* inzwischen direkt und ohne Überweisung zu jedem kassenzugelassenen Therapeuten, egal ob Arzt oder Psychologe, gehen. Psychotherapie ist bisher eine Pflichtleistung, noch ohne Zuzahlung für Mitglieder gesetzlicher Krankenkassen.

Wenn Sie niemanden kennen, der Ihnen eine persönliche Empfehlung geben kann, können Sie sich auch von Ihrer Krankenkasse eine Liste der in Ihrer Region zugelassenen Psychotherapeuten zuschicken lassen. Damit können Sie auch einen wohnortnahen Therapeuten auswählen. Oft haben die kassenärztlichen Vereinigungen ebenfalls Listen mit den zugelassenen psychologischen und ärztlichen Therapeuten, zusätzlich mit Angaben über Wartezeiten und Therapieschwerpunkte (s. S. 236 f.).

Ein großes Problem für Sie kann die Wartezeit auf einen Psychotherapieplatz bedeuten, weil die zugelassenen Psychotherapeuten in vielen Städten gar nicht den Bedarf decken können. Lassen Sie sich ruhig bei verschiedenen Therapeuten auf die Warteliste setzen. Und wenn Sie einen festen Therapieplatz haben, seien Sie bitte so freundlich und sagen sie den anderen Therapeuten ab. Diese werden darüber nicht verärgert sein, sondern dankbar, dass sie Bescheid wissen, und vielleicht auch, dass ihre Warteliste wieder etwas kürzer ist. Viele

Therapeuten finden es selbst nicht gut, dass sie eine Warteliste haben. Natürlich gibt es wirtschaftliche Sicherheit, wenn wir wissen, dass genügend Nachfrage da ist. Aber es ist doch sehr bedrückend, wenn man Patienten, deren aktuelle Not man schon am Telefon hört, auf eine Wartezeit von mehreren Monaten verweisen muss, weil man keine Therapiestunden mehr frei hat.

Wenn Sie nachweisen können, dass Sie in einem zumutbaren Zeitraum keinen Therapieplatz bekommen können, besteht eventuell die Möglichkeit, dass die Krankenkasse die Kosten bei einem approbierten Therapeuten übernimmt, der aber keine Kassenzulassung hat. Auch diese sind qualifizierte Therapeuten, sonst hätten sie nicht die Approbation erhalten, d. h. die gesetzliche Erlaubnis, Heilkunde selbstständig ausüben zu dürfen. Dieses muss aber mit der Krankenkasse abgeklärt sein, bevor Sie mit den Probesitzungen beginnen, die Sie ansonsten selbst bezahlen müssen. Die Begründung für dieses sogenannte »Erstattungsverfahren« besteht darin, dass Sie einen Rechtsanspruch auf eine Psychotherapie in einem angemessenen Zeitraum haben, wenn die Therapienotwendigkeit fachlich begründet ist. Mehr als ein halbes Jahr Wartezeit ist sicher unzumutbar, ein großer Teil der psychisch belasteten Menschen benötigt eigentlich sofort Hilfe. Im psychischen Bereich ist es genauso wie im körperlichen, dass die verschleppten Erkrankungen oftmals schwerer und teurer zu behandeln sind. Wenn Sie durch mindestens drei möglichst schriftliche Absagen von Therapeuten nachweisen, dass Sie keinen Therapieplatz in den nächsten Monaten erhalten können, und die Krankenkasse Ihnen ebenfalls keinen Therapieplatz vermitteln kann, können sie auf einen nicht kassenzugelassenen Therapeuten zurückgreifen. Die Einzelheiten dazu müssen Sie vorher mit Ihrer Krankenkasse besprechen.

Vereinzelt berichteten mir Patienten, dass sie bei Ärzten mit einer Psychotherapiezulassung waren, die ihnen von der Krankenkasse vermittelt wurden, weil dort noch Psychotherapieplätze frei seien. Diese Ärzte haben sie dann aber zu einer medikamentösen Behandlung gedrängt, obwohl die Patienten klar gesagt haben, dass sie wegen einer Psychotherapie zu ihnen kamen. Es lässt sich nicht ausschließen, dass manche Ärzte angesichts des Mangels an Therapieplätzen Patienten mit der Aussicht auf einen Therapieplatz anlocken, um sie dann mit Medikamenten zu behandeln. Dieses Verhalten eines Arztes sollten Sie Ihrer Krankenkasse mitteilen, denn es ist nicht korrekt.

Als Privatpatient sollten Sie sich vorher bei Ihrer Versicherung erkundigen, wie das Verfahren bei einer Psychotherapie geregelt ist und welche Kosten übernommen werden. Einige Privatversicherungen sind wesentlich großzügiger als die gesetzlichen Krankenkassen, verlangen weniger Antragsbürokratie und bezahlen auch approbierte Psychotherapeuten ohne Kassenzulassung. Andere Privatversicherungen haben ein ähnliches Verfahren wie die Krankenkassen, bei manchen ist es sogar schwieriger, eine Psychotherapie genehmigt zu bekommen. Aufgrund der wesentlich besseren Bezahlung von Psychotherapeuten bei den meisten Privatversicherungen bekommen Sie bei vielen Therapeuten schneller einen Therapieplatz angeboten.

12.2 Können Sie Probesitzungen machen und können Sie den Therapeuten auch wieder wechseln?

Als Mitglied einer gesetzlichen Krankenkasse (und auch in den meisten Privatversicherungen) können Sie mit Ihrer Chipkarte bis zu 6 Probesitzungen, davon 5 probatorische Sitzungen und eine Sitzung zur Anamneseerhebung, ohne Genehmigung durch die Krankenkasse abrechnen. Bei der analytischen Psychotherapie sind bis zu 8 probatorische Sitzungen möglich. Sie brauchen dem Therapeuten nicht zu begründen, wenn Sie sich gegen eine Therapie bei ihm entscheiden.

Sie können bei mehreren Therapeuten Probesitzungen durchführen. Sie sollten auch die Probesitzungen in Ihrem eigenen Interesse sehr ernsthaft durchführen, nur dann wird ein echter Kontakt entstehen, an dem Sie wirklich merken, ob dieser Therapeut zu Ihnen passt.

Auch nach den Probesitzungen können Sie im Laufe Ihrer Therapie den Therapeuten nach Rücksprache mit der Krankenkasse wechseln. Die Antragsbegründung für die neue Therapie benötigt Ihre Krankenkasse entweder von Ihnen oder vom neuen Therapeuten. Die Krankenkasse berücksichtigt im Genehmigungsverfahren manchmal die schon bisher bezahlten Sitzungen, so dass Sie bei dem neuen Therapeuten dann nicht mehr die volle Stundenzahl genehmigt erhalten, sofern beide Therapeuten die Zulassung für dasselbe Verfahren haben. Wenn Sie mit dem Therapeutenwechsel auch das Therapieverfahren wechseln, z.B. vom Verhaltenstherapeuten zum Tiefenpsychologen gehen, steht Ihnen wieder die volle Stundenzahl zu.

12.3 Antragsverfahren, Therapiedauer, Therapieunterbrechungen und Datenschutz

Im Folgenden gehe ich nur auf die Einzelbehandlung erwachsener Patienten ein. Für die Behandlung von Kindern und Jugendlichen sowie für Gruppentherapien gelten etwas andere Bedingungen, die Sie bei Ihrer Krankenkasse nachfragen können.

Eine Therapiestunde umfasst mindestens 50 Minuten. Wenn halbstündige Sitzungen durchgeführt werden, verdoppelt sich die genehmigte Sitzungsanzahl.

Wenn Sie und Ihr Therapeut sich in den probatorischen Sitzungen entscheiden, die Therapie durchzuführen, müssen Sie beide einen Antrag bei der Krankenkasse stellen. Der Therapeut verfügt über alle notwendigen Formblätter der gesetzlichen Krankenkassen und wird Ihnen das Antragsverfahren erklären. Als Privatpatient müssen Sie meistens die Formulare bei Ihrer Versicherung anfordern und dem Therapeuten geben.

Die Psychologischen Psychotherapeuten benötigen außerdem einen *Konsiliarbericht von einem Arzt.* Dieser entscheidet nicht, ob eine Therapie sinnvoll ist. Das entscheidet der Psychologe allein. Aber der Arzt muss feststellen, ob medizinischen Gründe gegen eine Psychotherapie sprechen und ob eine ärztliche Mitbehandlung notwendig ist. Dieses Formular kann von jedem kassenzugelassenen Arzt aus fast jeder Fachrichtung ausgefüllt werden. Sie sollten für den Konsiliarbericht zu dem Arzt gehen, der am besten über Ihre psychischen Probleme informiert ist, üblicherweise ist es der Hausarzt oder der Psychiater, Neurologe oder Nervenarzt, falls Sie dort in Behandlung sind. Aber auch Frauenärzte und Internisten erstellen gelegentlich den Konsiliarbericht.

Kurzzeittherapien mit 25 Stunden werden fast immer problemlos innerhalb weniger Tage genehmigt. Eine Kurzzeittherapie kann später auch in eine Langzeittherapie umgewandelt werden, wenn sich herausstellt, dass eine längere Therapie notwendig ist. Therapeuten ziehen es oft vor, erst einmal noch keine Langzeittherapie zu beantragen, weil sie für eine Kurzzeittherapie nur kurze Anträge zu schreiben brauchen und es zu Beginn noch nicht klar ist, ob es eine kürzere oder längere Therapie wird.

Die Langzeittherapie umfasst bei **Verhaltenstherapien** bis zu 45 Stunden und kann zuerst um 15 weitere Stunden und danach noch einmal mit besonderen Begründungen um weitere 20 Stunden auf **die Höchstzahl von 80 Stunden** verlängert werden.

Die Langzeittherapie bei tiefenpsychologisch fundierter Psychotherapie beträgt bis zu 50 Stunden und kann um weitere 30 und mit besonderer Begründung um noch einmal 20 Stunden bis zur **Höchstzahl von 100 Stunden** verlängert werden.

Die Langzeittherapie bei analytischer Psychotherapie umfasst bis 160 Stunden und kann bis zur **Höchstzahl von 300 Stunden** verlängert werden.

Darüber hinausgehende Stunden sind nur in ganz speziellen Einzelfällen mit der Krankenkasse auszuhandeln.

Der Therapeut muss aber in ausführlichen Berichten über Sie und die Therapie begründen, warum eine Langzeittherapie erforderlich ist, und dies ebenfalls tun bei den Verlängerungsanträgen.

Die Abfassung der Berichte für die Krankenkassen kann der Therapeut dazu nutzen, noch einmal mit dem Patienten zu besprechen, welche Therapieziele in dem geplanten Therapieabschnitt erreicht werden sollen. Patienten haben das Recht, den Bericht einzusehen und von ihnen selbst zu bezahlende Kopien davon für ihre Unterlagen zu erhalten, wenn keine besonderen Gründe (Interessen des Therapeuten oder Dritter oder therapeutische Vorbehalte) dagegen sprechen. Wenn der Therapeut die Berichte nicht herausgibt, muss er dies auch kurz begründen. Manche Therapeuten haben mit dem Wunsch nach Einsicht in den Bericht erhebliche Schwierigkeiten oder versuchen dies zu verhindern, vielleicht auch weil der Bericht so abgefasst ist, dass sie ihn nicht vor dem Patienten vertreten können. Genauere Auskünfte bei einem Konfliktfall erhalten Sie bei der zuständigen Psychotherapeutenkammer Ihres Bundeslandes und bei den Kassenärztlichen Vereinigungen (s. S. 237).

Diesen sehr persönlichen Bericht über Sie bekommt die Krankenkasse nicht zur Kenntnis, da er in einem verschlossenen Umschlag an einen Gutachter weitergeleitet wird. Auf dem Bericht steht nicht Ihr Name, sondern nur eine Chiffre. Der Gutachter teilt der Krankenkasse meist innerhalb eines Monats unter der Chiffre mit, ob das Therapiekonzept schlüssig, erfolgversprechend und wirtschaftlich ist. Er empfiehlt also der Krankenkasse die Zustimmung oder Ablehnung der Kostenübernahme, ohne persönliche Daten von Ihnen aus dem Bericht der Krankenkasse mitzuteilen. Der Datenschutz ist somit bei den gesetzlichen Krankenkassen sehr streng geregelt. Aus fachlicher Sicht wird das Gutachterverfahren von den meisten Psychotherapeuten sehr kritisch gesehen, was aber für Sie nicht so bedeutsam ist. Nur ein kleiner Anteil (meist deutlich unter 10%) der ausführlichen Anträge werden von den Gutachtern zurückgewiesen. Manchmal holen sie auch noch zusätzliche Informationen von den Therapeuten ein. Bei Ablehnung eines Therapieantrags kann ein Obergutachten eingeholt werden.

Das Verfahren bei Privatpatienten ist meistens sehr ähnlich, nur ohne Chiffre, so dass der Gutachter auf dem Bericht auch Ihren Namen hat. Einige Versicherungen haben andere Verfahren.

Eine genehmigte Therapie kann für ein halbes Jahr

ohne besondere Begründung unterbrochen werden. Es gibt viele Situationen, weshalb eine *Therapiepause* sehr sinnvoll sein kann. Wenn die Unterbrechung aber wesentlich länger ist als ein halbes Jahr, kann es sein, dass die Krankenkasse die Therapie als beendet ansieht. Ein erneuter Therapieantrag kann normalerweise erst zwei Jahre nach Therapieende gestellt werden. Aber bei besonderen Gründen kann die Krankenkasse auch vorher wieder eine Therapie genehmigen.

Es gibt tatsächlich Psychotherapeuten, die ihre Patienten belügen, indem sie behaupten, dass die Krankenkasse nur 25 Sitzungen bezahlt. Das gibt es bei den gesetzlichen Krankenkassen nicht, eventuell bei anderen Kostenträgern. In Wirklichkeit wollen diese Therapeuten die aufwendigen und sehr schlecht bezahlten Berichte für den Gutachter nicht schreiben. Es ist verantwortungslos und ein schwerwiegender Vertrauensmissbrauch, wenn Therapeuten durch Täuschung des Patienten eine Therapie beenden. Es mag Therapeuten geben, die gute Kurzzeittherapeuten sind, die ungern längere Therapien machen oder sogar grundsätzlich dagegen sind. Wenn sie dies dem Patienten von Anfang an ehrlich mitteilen, ist das in Ordnung. Dann kann sich der Patient darauf einrichten und entscheiden, ob er die angebotene Kurzzeittherapie machen will oder sich lieber einen anderen Therapeuten sucht. Aber wer dem Patienten vorlügt, dass die Krankenkasse nur 25 Sitzungen bezahlt, handelt in hohem Maße verantwortungslos, weil er dem uninformierten Patienten eine möglicherweise notwendige längere Behandlung vorenthält. Fragen Sie deshalb den Therapeuten schon in der ersten Probesitzung, ob bei ihm auch eine längere Therapie möglich ist, wenn 25 Sitzungen nicht ausreichen sollten.

12.4 Psychologischer Psychotherapeut oder ärztlicher Psychotherapeut?

Knapp zwei Drittel aller Psychotherapien für Erwachsene in Deutschland werden von Diplom-Psychologen durchgeführt, ein gutes Drittel von Ärzten. Beide haben nach dem jeweiligen Studium der Psychologie bzw. der Medizin eine drei- bis fünfjährige Psychotherapieausbildung absolviert. Seit dem Psychotherapeutengesetz von 1999 ist der Begriff des Psychotherapeuten gesetzlich geschützt. Nur diese beiden Berufsgruppen dürfen sich Psychotherapeuten nennen mit einer Ausnahme: Diplom-Pädagogen können mit einer entsprechenden Ausbildung Psychotherapeuten für Kinder und Jugendliche werden. Wenn man jetzt ins Detail ginge, könnte man eine Reihe von Unterschieden in den Qualifikationen der Berufsgruppen aufzeigen. Es macht aber für Sie nicht viel Sinn, wenn Sie sich mit den komplizierten Unterschieden in der Psychotherapieausbildung beschäftigen. Letztlich sagen die fachlichen Abschlüsse eines Therapeuten kaum etwas über seine Fähigkeit, Ihnen zu helfen, aus.

Es ist bei beiden Berufsgruppen garantiert, dass Sie an ausgebildete Therapeuten und nicht an Scharlatane geraten. Aber wie bei anderen Berufen auch, gibt es gute und weniger gute Therapeuten. Ihre Qualität hängt ab von ihren Erfahrungen, die sie im Berufsleben gesammelt haben und auch von ihrer Persönlichkeit. Und für Sie persönlich ist es wichtig, ob er oder sie mit ähnlichen Problemen wie Ihrem schon zu tun hatte, und vor allem auch seine Einstellung zu Ihrem Problem. Wenn Sie eine Wahlmöglichkeit zwischen zwei Therapeuten haben, können Sie auch bei beiden nacheinander Probesitzungen abhalten. Und wenn Sie mit dem Vertreter einer Berufsgruppe nicht gut klarkommen, können Sie ja ausprobieren, ob Sie mit einem Vertreter der anderen Berufsgruppe besser zurechtkommen.

Wenn Sie neben der Therapie auch Psychopharmaka einnehmen, sollten Sie auch Kapitel 10 lesen.

12.5 Welche Bedeutung hat die Therapiemethode?

Wenn Sie einen bei der Krankenkasse zugelassenen Therapeuten aufsuchen, hat er nach seinem Studium eine Ausbildung in Verhaltenstherapie, tiefenpsychologisch fundierter Psychotherapie oder in analytischer Psychotherapie absolviert. Demnächst sollen auch Gesprächspsychotherapeuten eine Kassenzulassung erhalten können. Es gibt noch eine Reihe weiterer sehr wirksamer Therapieverfahren wie systemische Therapie, Hypnosetherapie, Gestalttherapie und viele andere. Einen gut verständlichen Überblick über die gesamte Psychotherapieszene bietet Ihnen der »Praxisführer Psychotherapie« von Siegfried Brockert (Knaur Taschenbuch), der vom Bundesverband Deutscher Psychologinnen und Psychologen empfohlen wird.

Ich habe viele Kollegen unterschiedlicher Therapierichtungen kennen gelernt, von denen sich in der Praxis keiner streng an die Methoden des Verfahrens hält, in dem er die Kassenzulassung erworben hat. Die Psychotherapeuten wenden alle Therapiemethoden an, von denen sie etwas Sinnvolles gelernt haben. Sie machen längst nicht mehr den Unsinn der Aufspaltung der Psychotherapie mit.

Man kann die Psyche eines Menschen schwerlich getrennt in ihren Einzelteilen behandeln: das Verhalten durch die Verhaltenstherapie, die Gefühle und die Kindheit durch die Psychoanalyse und Tiefenpsychologie, das Denken mit der kognitiven Therapie, das Sich-Selbst-Finden in der Gesprächspsychotherapie, die Beziehungen zwischen den Menschen in der systemischen Therapie, den Ausdruck des Psychischen im Körper durch die Körpertherapie usw. Denn alle diese seelischen Elemente hängen eng zusammen und alle können auch in ein und derselben Therapie zur Sprache kommen.

Da sich bisher aber ein übergreifendes Konzept einer allgemeinen Psychotherapie noch nicht herausgebildet hat, bleibt den Therapeuten nichts anderes übrig, als eine bestimmte Therapierichtung als eine Art Grundausbildung zu wählen für die Kassenzulassung. Die Therapeuten merken sehr schnell, wie viel wertvolles Wissen auch andere Therapieverfahren zu bieten haben, und sie qualifizieren sich auch in anderen Verfahren weiter.

Es wird wohl noch viele Jahre dauern, bis die Kirchturmpolitik der einzelnen Therapieschulen beendet wird, mit denen sie ihr geistiges Erbe und vor allem auch ihre finanziellen Interessen an ihrer jeweiligen Therapierichtung verteidigen. Jede Therapieschule hat sich aus einer bestimmten Geschichte heraus entwickelt, einige auch durch besonders erfolgreiche Therapeuten, sei es erfolgreich bei den Patienten, sei es erfolgreich im Marketing der eigenen Ideen. Praktisch wachsen diese Richtungen immer mehr zusammen und unterscheiden sich in manchen Punkten nur durch unterschiedliche Begriffe derselben Sache. Denn wie gesagt, die meisten Therapeuten fühlen sich nicht ausschließlich einer bestimmten Richtung verpflichtet, wie die Ausbildungsinstitute, die Lehrstühle an den Universitäten oder die Anhänger bestimmter Therapeutengurus. Fast alle praktizierenden Therapeuten erweitern ihre Grundausbildung, mit der sie die Kassenzulassung erhalten haben, durch Weiterbildung über viele andere Therapieansätze, um ihren Patienten mit einem möglichst breiten Spektrum an therapeutischen Methoden helfen zu können. Das ist für Sie gut und für unsere Arbeit zukunftsträchtig.

Als Patient wollen Sie vielleicht wissen, mit welchen Methoden Ihr möglicher Therapeut bei Ihnen arbeiten will. Auch wenn Sie sich in der Szene der Psychotherapieverfahren überhaupt nicht auskennen, so können Sie doch erwarten, dass Ihr Therapeut seine therapeutischen Vorgehensweisen Ihnen so verständlich erklärt, dass Sie eine gewisse Vorstellung davon bekommen. Und wenn er am Anfang noch nicht sagen kann oder will, wie er sich Ihre Therapie konkret vorstellt, so können Sie ihn doch nach seinen Grundvorstellungen von Psychotherapie bei Problemen Ihrer Art fragen. Das wird Ihnen vielleicht bei Ihrer Entscheidung für oder gegen einen Therapeuten zusätzlich helfen. Manche Patienten wollen verstehen, wie ihr Therapeut arbeitet, andere interessiert dies weniger, sie wollen nur, dass es ihnen besser geht.

Die Bereitschaft der Therapeuten, über ihre Methoden zu sprechen und sie für die Patienten transparent zu machen, ist ebenfalls unterschiedlich groß. Die einen halten es für eine wichtige Unterstützung der Therapie, wenn der Patient möglichst gut versteht, warum etwas in der Therapie bearbeitet wird, und die anderen finden Informationen über ihre Methoden eher als hinderlich für die Therapie.

Die Einstellung der Therapeuten dazu hängt auch mit ihrer Therapieschule zusammen. Ich beantworte alle Fragen eines Patienten, der wissen will, wie die Therapie der Theorie nach funktioniert und wofür welche Methoden gut sind. Schließlich gewinnen Sie mit dem kompetenten Wissen über das Therapiekonzept zusätzliche Klarheit und Sicherheit. Wenn Sie zu diesen Patienten gehören, die den Therapieprozess durchschauen möchten, und Sie geraten an einen Therapeuten, der sich darin sehr bedeckt hält, kann es sein, dass die Vertrauensbildung dadurch so sehr eingeschränkt wird, dass Sie mit diesem Therapeuten nicht gut klar kommen. Sie können auch mit der entgegengesetzten Konstellation Schwierigkeiten haben, wenn nämlich der Therapeut viel mehr und ausschweifender über sein Therapiekonzept erzählt, als Sie wissen wollen, und Sie das Gefühl bekommen, dieser Therapeut redet mehr über sich selber und seine Vorstellungen und merkt dabei nicht, welche Bedürfnisse Sie haben.

Sie finden den richtigen Therapeuten nicht dadurch, dass Sie die beste Psychotherapiemethode suchen, denn die Person, die sie anwendet, ist viel entscheidender. Achten Sie vor allem darauf, dass Sie ein gutes Gefühl und einen guten Eindruck von Ihrem Therapeuten und seinen Methoden haben.

12.6 Wie finden Sie heraus, ob ein Therapeut für Sie geeignet ist?

Sie können mit einem Therapeuten Probesitzungen machen. Dabei sollten Sie herausfinden, ob Sie zu dem Therapeuten Vertrauen aufbauen können. Dies ist der entscheidende Punkt, auf den Sie bei den ersten Kontakten achten sollten. Zwar kann sich manchmal im späteren Verlauf herausstellen, dass Sie mit Ihrem Therapeuten nicht mehr klar kommen und den Therapeuten wechseln wollen, das aber ist viel weniger wahrscheinlich, wenn Sie schon zu Beginn eine sorgfältige Entscheidung getroffen haben.

Wie können Sie nun feststellen, ob Sie zu diesem Ihnen am Anfang noch sehr fremden Menschen Vertrauen aufbauen können? Es ist hilfreich, wenn Ihnen der Therapeut von einer Person Ihres Vertrauens empfohlen wurde. Holen Sie sich ruhig Informationen über den Therapeuten ein, wenn das möglich ist. Aber entscheidend sollte nicht sein, was andere sagen. Denn Vertrauen ist nicht ein abstraktes Merkmal eines Menschen, sondern es entsteht im Gespräch und im Kontakt bei ganz konkreten Themen und Aktivitäten.

> **Hier wiederhole ich noch einmal die wichtigste Regel, die zu beachten ist:**
> **Wenn Sie herausfinden wollen, ob Sie diesem Therapeuten Ihre Probleme anvertrauen können, sind einfach zwei Dinge notwendig: 1. Sie müssen über Ihre Probleme sprechen und 2. muss sich der Therapeut zu Ihren Problemen äußern.**

Zu 1.: Wenn Sie Ihre Probleme nur andeuten, wird der Therapeut auch nicht sehr viel dazu sagen können. Das gilt für die Probesitzungen genauso wie in der späteren Therapie. Natürlich fällt es vielen Patienten am Anfang schwer, dem noch fremden Therapeuten einen tiefen Einblick in die eigene Seele zu geben. Aber je offener Sie von Anfang an sein können, desto sicherer werden Sie auch beurteilen können, ob dieser Therapeut mit Ihren Problemen gut umgehen kann. Und Sie beschleunigen damit natürlich auch Ihre spätere Therapie. Auch wenn Sie nicht bei diesem Therapeuten bleiben wollen, so besteht für ihn trotzdem die Schweigepflicht über das, was Sie ihm mitgeteilt haben.

Zu 2.: Der Therapeut sollte sich möglichst konkret äußern, was er zu Ihren Problemen meint und ob er schon Ideen für die Therapie hat. Dabei kommt es nur zum Teil darauf an, ob er sofort ein gutes Therapiekonzept vorlegen kann. Es muss kein Hinweis auf einen schlechten Therapeuten sein, wenn er Ihnen noch kein Konzept darstellt, weil er vielleicht erst noch viel mehr

Informationen von Ihnen benötigt. Aber er sollte sich in irgendeiner Weise zu dem äußern, was Sie ihm erzählt haben. Nur so bekommen Sie einen Eindruck davon, auf welche Art dieser Therapeut mit Ihren Problemen umgeht. Und wenn er sich für Ihren Geschmack zu sehr zurückhält, können Sie ihn durchaus mit Fragen ein wenig herausfordern, z. B. mit solchen Aussagen wie: »Ich würde gern wissen, was Sie zu dem, was ich gerade erzählt habe, jetzt denken.« Oder: »Ich möchte gern wissen, ob Sie mein Problem richtig verstanden haben und ob ich es verständlich erklärt habe.« Es gibt keine allgemeinen Regeln, wie ein Therapeut sich am besten einem neuen Patienten vorstellen sollte. Es gibt eben sehr zurückhaltende Therapeuten oder auch Vielredner. Aber es gibt auch Patienten, die gern zuhören und viel wissen wollen und andere, die selbst ein großes Redebedürfnis haben. Das kann alles in Ordnung sein.

Der Maßstab dafür, ob ein Therapeut für Sie der Richtige ist, liegt allein in Ihnen selbst. Denn Sie spüren, ob bei einem Therapeuten Vertrauen, bezogen auf Ihr Problem, entsteht oder nicht.

13 Ausblick

Dieses Buch hat weder die Absicht, Fehlverhalten von Therapeuten zu entschuldigen, noch Angst vor einer Psychotherapie zu schüren. Ich bin der Überzeugung, dass eine ehrliche und eine auch für Patienten durchschaubare Psychotherapie sehr viel erfolgreicher ist, weil sie unberechtigtes Misstrauen beseitigt und das Vertrauen größer wird. Und aufgeklärte Patienten werden sich vor schlechten Psychotherapien wirksam schützen. Über eigene Schwächen zu sprechen ist kein Mangel, sondern eine Stärke, weil es in einer guten Beziehung die Möglichkeit schafft, die Schwäche in Stärke zu verwandeln. Innerhalb unserer Gesellschaft ist es unüblich, Schwäche zu zeigen. Aber diese Einstellung, die viele Menschen psychisch krank macht, muss ja nicht dort fortgesetzt werden, wo sie Hilfe suchen, in der Psychotherapie.

Beim Schreiben dieses Buch ist mir viel klarer geworden, was es bedeutet, dass Psychotherapeuten auch nur Menschen sind und wie diese Tatsache sinnvoll in der therapeutischen Beziehung behandelt werden kann. Als ich begonnen habe, meine Erfahrungen systematisch auszuwerten und meine Überlegungen aufzuschreiben, hatte ich noch manchen Ärger im Bauch aufgrund der negativen Erfahrungen mit Psychotherapeuten und Psychiatern, von denen mir Patienten manchmal sehr leidvoll berichtet haben. Eigentlich wollte ich für diese Patienten das Buch schreiben und hatte deshalb in den ersten Entwürfen meines Buches eine ausgeprägte Neigung, von guten und schlechten Therapeuten zu sprechen. Durch das weitere Einarbeiten in das Thema habe ich mich von meinem Frust über manche Arbeit von Kollegen gelöst und mich stattdessen darauf konzentriert, meine Vorstellung von einer guten therapeutischen Beziehungsgestaltung darzulegen. Falls dennoch destruktive Kritik durchschimmern sollte, so geschieht dies unbewusst. Ich habe mich bemüht, ausgehend von den Tatsachen, die eben nicht einfach nur positiv sind, konstruktive Antworten zu entwickeln.

Ich habe zahlreiche sehr fruchtbare Diskussionen mit psychologischen und ärztlichen Kollegen, Freunden und Menschen, die eine Psychotherapie gemacht haben, geführt und von ihnen und von anderen Lesern der verschiedenen Manuskriptentwürfe wertvolle kritische Anregungen erhalten. Sie haben mir entscheidend geholfen, das Buch in der vorliegenden Fassung zu schreiben. Für diese Unterstützung und die offene und deutliche Kritik, aber auch Ermutigung möchte ich mich von ganzem Herzen bedanken.

Jeder Therapeut hat seine starken und seine schwachen Seiten, und deshalb wird jeder Therapeut auch auf Patienten verweisen können, denen er wirklich gut helfen konnte. Deshalb gibt es keine Therapeuten, die einfach nur schlecht sind. Und Sie als Patient kommen nicht umhin, sich eine eigene persönliche Meinung von Ihrem Therapeuten zu machen. Keine Empfehlung eines Dritten und kein Buch kann dies ersetzen. Vielleicht hilft Ihnen dieses Buch, einige Dinge klarer zu erkennen, auf die es in einer guten therapeutischen Arbeit ankommt.

Dreh- und Angelpunkt für eine erfolgreiche Psychotherapie ist das von beiden Seiten offen und ehrlich geführte Gespräch. Ein solches Gespräch setzt bei beiden die Bereitschaft zur Selbstkritik voraus. Wir können nämlich mit einem anderen Menschen nicht ehrlich über die eigenen Schwächen sprechen, wenn wir den Eindruck haben, dass der andere dazu selbst nicht bereit ist. Bei einem Patienten, der Hilfe sucht, ist diese Bereitschaft auf jeden Fall gegeben, auch wenn er in bestimmten Fragen und Situationen noch so viele Schwierigkeiten haben mag, Probleme anzusprechen. Dies zu verändern, ist schließlich auch Aufgabe der Therapie.

Auf Seiten der Therapeuten ist die Offenheit, die Ehrlichkeit und die Fähigkeit zur Selbstkritik – wie bei allen Menschen – unterschiedlich ausgeprägt und hängt auch bei ihm wesentlich von der Situation ab. Ganz konkret wird es von der Beziehung Ihres Therapeuten zu Ihren Problemen und zu Ihrer Person abhängen, wie er damit umgehen kann. Das ist völlig normal und wird vom Prinzip her auch immer so bleiben.

Die meisten Patienten fühlen sich bei Ihrem Therapeuten in guten Händen. Wenn dies für Sie zutrifft, werden meine kritischen Äußerungen über Therapeuten keine große Bedeutung für Sie haben. Vielleicht hilft Ihnen die eine oder andere Anregung, sich selbst etwas besser zu verstehen. Wenn Ihnen Probleme Ihrer Therapie jetzt deutlicher bewusst geworden sind, können Sie diese Probleme in die Therapie gezielter einbringen und mit Ihrem Therapeuten bearbeiten.

Wenn Sie durch meine Ausführungen verunsichert worden und vielleicht in einen Zwiespalt geraten sind mit Ihrer bisherigen Therapie und dabei die Vermutung haben oder auch schon direkt erlebt haben, dass Ihr Therapeut eine kritische Diskussion des Therapiekonzepts und der Gestaltung der therapeutischen Beziehung mit Ihnen ungern führt oder gar ablehnt, sollten Sie vielleicht auch im Gespräch mit Dritten sich über Ihr weiteres Verhalten klar werden. Denn nur Sie können aufgrund Ihrer persönlichen Situation, auch unter Berücksichtigung Ihrer Alternativen, entscheiden, ob und wie Sie die aufgeworfenen Fragen trotzdem in die Therapie einbringen. Für mich ist es eine fundamentale Bedingung für eine erfolgreiche Therapie, dass alle, aber auch wirklich alle Fragen, die für Ihr Therapieproblem von Bedeutung sind, auch zur Sprache gebracht werden.

Wenn Sie mit der Therapie nicht zufrieden sind, möchte ich Sie ermutigen, nachhaltig auf eine Klärung zu drängen und dabei auch einen Therapeutenwechsel nicht auszuschließen.

Und schließlich hoffe ich, dass auch die Patienten, die belastende Erfahrungen in einer Psychotherapie gesammelt haben und die mich zu diesem Projekt motiviert haben, sich nach dieser Lektüre rascher von möglichen Schuldgefühlen über das Scheitern der Therapie lösen und den Mut finden, mit gewachsenem Selbstvertrauen eine neue Therapie zu beginnen, wenn es noch erforderlich ist.

Der Leser, der überlegt, ob er eine Psychotherapie machen soll, hat hoffentlich etwas Einsicht darin gewonnen, dass er in der Therapie einen sicheren Platz finden kann, um seine Probleme soweit zu bewältigen, bis er wieder ohne professionelle Hilfe auskommt, so dass er den Mut findet, sich den für sein Problem geeigneten Therapeuten zu suchen und hoffentlich auch zu finden.

An dieser Stelle möchte ich auch meine Berufskollegen ansprechen, die dieses Buch in die Hand nehmen. Es ist nach meinen Beobachtungen ein bisher zu wenig beachtetes Problem, dass wir Therapeuten eigene, auf der persönlichen Lebensgeschichte beruhende Schwierigkeiten in der Psychotherapie manchmal nicht erkennen und durch unbewusste Mechanismen den Patienten belasten, indem wir ihm z. B. subtile neue Schuldgefühle wegen unzureichender Therapiefortschritte machen. Bei gut verlaufenden Therapien ist das in der Regel kein Problem. Das Wahrnehmen von und Umgehen mit den eigenen Grenzen wird in der Ausbildung und in der Weiterbildung nach meiner Erfahrung meist nicht hinreichend berücksichtigt. Sich durch Theorien gegen eine unbequeme Realität zu immunisieren, wie es manche Therapieschulen tun, ist nicht gut. Wir müssen besonders darauf achten, dass wir den Patienten nicht ein therapeutisches Konzept unbewusst aufzudrängen versuchen, das nur unserem Wunschdenken, alles im Griff zu haben, entspringt, aber nicht, wie es erforderlich ist, auf der richtig verstandenen Lebensrealität des Patienten aufbaut. Und die lernen wir nur kennen im offenen und ehrlichen Dialog mit unseren Patienten. Ich meine, wir sollten diese Themen vielfältiger und breiter unter uns diskutieren, als wir es bisher tun.

Sie können als Patient davon ausgehen, dass Ihr Therapeut sich im Rahmen seiner Erkenntnisse und Möglichkeiten wirklich bemüht, Ihnen zu helfen. Sehr viele Menschen haben die segensreiche Wirkung einer erfolgreichen Psychotherapie für ihr seelisches Wohlbefinden und auch für ihre körperliche Gesundheit kennen gelernt.

Immer wenn eine Therapie wirklich erfolgreich war, bestand auch eine gute und vertrauensvolle therapeutische Beziehung. Wir Menschen sind nun einmal soziale Wesen, die den anderen Menschen brauchen. Nur wenn wir zu anderen Menschen eine positive Beziehung haben, geht es uns gut. Ohne eine gute Verbindung zu anderen Menschen, ohne mitmenschliche Liebe gibt es keine guten Entwicklungsprozesse für den einzelnen Menschen. Das gilt auch in der Psychotherapie, und zwar für beide beteiligten Personen.

Anlaufstellen

Von Ihrer **Krankenkasse** können Sie in der Regel eine Liste der kassenzugelassenen Psychotherapeuten in Ihrer Stadt bekommen.

Bei den **Psychotherapeutenkammern der Bundesländer,** die sich zur Zeit im Aufbau befinden, erhalten Sie Informationen über psychologische Psychotherapeuten und über Psychotherapien sowie bei Problemen mit Therapeuten. Da es noch keine zentrale Psychotherapeutenkammer für die Bundesrepublik gibt, können Sie beispielsweise bei der Psychotherapeutenkammer NRW nachfragen und dort auch die Adresse der für Sie zuständigen Kammer, soweit schon eingerichtet, erfragen:

Psychotherapeutenkammer NRW
Willstätterstr. 10, 40540 Düsseldorf
Tel. 0211-522847-0
Fax 0211-522847-15
www.ptk-nrw.de

Bei den **Ärztekammern** erhalten Sie Informationen über ärztliche Psychotherapeuten und über Psychotherapien sowie bei Problemen mit Therapeuten. Die Adresse der für Sie zuständigen Ärztekammer erhalten Sie bei der

Bundesärztekammer
Herbert-Lewin-Str. 1, 50931 Köln
Tel. 0221-4004-0
Fax 0221-4004-388
www.bundesaerztekammer.de

Bei den **kassenärztlichen Vereinigungen** erhalten Sie die Liste der in Ihrer Umgebung kassenzugelassenen psychologischen und ärztlichen Psychotherapeuten mit weiteren Informationen, z. B. über Therapieschwerpunkte, Wartezeiten und Anfahrtswege in die Praxis. Die Adresse der für Sie zuständigen kassenärztlichen Vereinigung erhalten Sie bei der

Kassenärztlichen Bundesvereinigung (KBV)
Herbert-Lewin-Str. 3, 50931 Köln
Tel. 0221-4005-0
Fax 0221-4005-160
www.kbv.de

Informationen erhalten Sie auch
in Österreich:

Informationsstelle für Psychotherapie
Rosenbursenstr. 8
1. Bezirk
1010 Wien
Tel. 0043-151-27102

in der Schweiz:

Zentrum für Psychotherapie
Scheuchzerstr. 8
8006 Zürich
Tel. 0041-1350-7777

Im Internet finden Sie eine Fülle weiterer Informationen über Psychotherapien, über psychische Störungen und Erkrankungen und Selbsthilfegruppen in höchst unterschiedlicher Qualität. Einiges ist hilfreich, manches ein-

seitig oder auch unsinnig, so dass Sie sich ein eigenes Urteil bilden müssen. Recht seriöse Informationen über Depressionen sind z. B. erhältlich unter
www.kompetenznetz-depression.de

Der **PID Psychotherapie-Informations-Dienst** des Berufsverbandes Deutscher Psychologinnen und Psychologen berät Sie in allen Fragen, die die Psychotherapie betreffen:

Psychotherapie-Informations-Dienst
Oberer Lindweg 2, 53129 Bonn
Beratungstelefon: 0228-746699
Fax 0228-641023
www.psychotherapiesuche.de
E-Mail-Anfragen an: wd-pid@t-online.de

Bibliografische Information Der Deutschen Bibliothek
Die Deutsche Bibliothek verzeichnet diese Publikation in der Deutschen Nationalbibliografie; detaillierte bibliografische Daten sind im Internet über http://dnb.ddb.de abrufbar

1 2 3 4 5 07 06 05 04 03

Ein Unternehmen der Verlagsgruppe Dornier
Postfach 80 06 69, 70506 Stuttgart, Tel: 0711/788030
Sie erreichen uns rund um die Uhr unter www.kreuzverlag.de
Umschlaggestaltung: Eberle und Kaiser Werbeagentur GmbH, Freiburg
Umschlagfoto: © Arnold Brunner
Satz: de·te·pe, Aalen
Druck und Bindung: Clausen & Bosse, Leck

ISBN 3 7831 2314 3